1000歲歐巴桑的10年機車環島夢

彩色頁——著

獻給
所有對夢想
仍有期待的你

行夢的人——夢想行動宣言

每個人都有一台自己的時光機
傳送你回到過去的叫「回憶」
傳送你邁向未來的叫「夢想」
讓你完成回憶和夢想的，是「現在」
我曾經有過許多——夢想
有些，在年輕的歲月時
我曾努力將之實現
但，
仍有許多夢想，只留在自己記憶深處
或者，早就已將之遺忘，甚至庫存
離開「夢想」已經許久
曾經走過，必留下痕跡

而今，我許諾成為一個「築夢的人」
我與我曾經實現的夢想，有了一番對話
重溫夢想實踐的努力與喜悅
有機會聆聽屬於自己夢想的真實聲音
我要將走過的痕跡轉化成生命成長的資源
有夢的人最美，勇敢做一個有夢的人
夢想之所以會實現，是因為從來不想放棄
而今，我仍有夢，並選擇、決定——不僅築夢且要實踐
我把夢想實踐出來，並呈現與你分享
讓曾有過的夢想有機會實現
是多麼美好的一種相遇
而今，在現在
我承諾成為一個「行夢者」
在往後的歲月裡
不僅「築夢」，且是夢想的「實踐者」

目次

與這群女人的相遇，我們共同創造了「我們」

王介言／社團法人高雄市彩色頁女性願景協會總監

一屋子的女人，一屋子的歡笑，一個個身影間流淌著的是屬於女人獨有的「姊妹情誼」。

看著這一群女人，圍坐一大圈，桌上盛放著她們自己帶來的食物、水果、飲料，放滿一桌。有人自任招待，招呼著陸續來到的姊妹；有人群聚敘舊、有人搞笑娛樂群眾、有人分享近況、有人獻寶炫耀所藏、有人說著得意事件、有人分享最近的學習心得……，她們是我的「瘋姊妹」。

看著這一張張的臉龐，你很難不動容，尤其是，當她們對著你揮手，興奮地喊著：「我終於做到了，耶！耶！耶！」每每在心裡引發悸動。

出現在眼前的每一張臉，有一種標示叫做「之前與之後」，她們的自我面貌從模糊到清楚，此刻，屬於女人的自我圖像是鮮明的。

這群歐巴桑，和其他的女人一樣，從小認真聽父母的話、認真讀書、畢業、談戀愛、工作、結婚生子；努力做個好女兒、好太太、好媽媽、好媳婦、好工作者的角色；努力盡著該有的照顧責任，照顧好丈夫、孩子、家庭，照顧好婆家、娘家、自己的家，走在父母、社會畫好的生命曲線上，人生好像也很美滿、好像也很有成就。

直到有一天，來到了中年，站在十字路口，突然迷惑了——回首過往歲月，發現就這麼過了一生。「那年我二十歲，青春美麗沒煩惱，遊山玩水到處跑；那時我三十歲，工作家庭兩頭跑，老的小的通通罩；現在我四十歲，身材變樣人蒼老，老公小孩不見了；未來我五十歲，更年期來空巢到，前景茫茫心慌慌。」望向前程困惑升起，真的就要如此一生嗎？我看到許多女人走到中、老年後面臨的失落，那是一種淡淡的哀傷，自己不一定會察覺。

當生命走到中年，要面對生理、心理、家庭結構、家人關係、家庭角色轉變與社會環境的劇變，可能原有的盼望與夢想已消失殆盡。或許感到過去所經歷的一切、賴以成就的家庭貢獻，變得微不足道；對於過去有一些落寞及失望，對於接下來的生命道路，覺得毫無動力及熱情，生活中失去了希望、充滿憂鬱心情。適應「面對變遷」的考驗，常是「中年女性」最大困難處境。

而不同的是，這群女人並未放棄，她們帶著困惑，努力探頭尋找可能。

她們與我相遇在我的課堂上，經由「自我探索成長課」、「女性記憶創作」、「女人生命故事圈」再到「女人夢想行動」、「女人集體行夢」，我與這群女人愈發的靠近。

參與婦女教育的行列已近二十餘年的歷程，多年來，因帶領許多女性自我探索成長團體，接觸許多女人故事，發現仍有許多女人活在他人期望裡，活得沒有自己、沒有自己的名字、沒有自己的臉容、沒有自己的價值，甚至在與自身、家庭、社會規範和期待中掙扎，使我常對許多女人心生疼惜。

看著許多女人在自我認同中滑落，對處境的改變力量顯得薄弱，使得女性路途顯得坎坷與無力，讓成長的路途變得艱辛，我常思索其真實的原因與癥結何在？在對婦女教學中，可以怎麼做，讓女人更有能力超越這一份掙扎與無力？

如今，我們就活在這個世代交替的時刻，要面對的現實是，我們是奉養老人的最後一代，卻也是不被兒孫奉養的第一代。如果女人把自己的一生奉獻給家庭、先生、孩子，卻沒有留一點給自己，在走到生命晚期之前，要如何面對未來的生命旅程？踏入中年就開始面對很多轉變，美貌的消逝、生理的衰退、空巢期親子關係重新定位、夫妻關係的重整、社會的不友善等等，無一不是中、老年女人既陌生卻又重大的考驗，如果不能及早重建自我圖像，到老年將會驚慌失措、無所適從。我覺得，女人需要意識到，必須為自己的人生下半場預作準備。

於是我在課堂中引導女人把原本對自己模糊的面貌，漸漸塗繪出輪廓，讓她們自己探索「我是誰」，成為重要的著力點，從失落的生命中重新找回「自我圖像」。

此外，我相信，每一個女人的背後都有著動人的故事，或許美麗，或許辛酸，或許坎坷，甚至平淡；有著努力、掙扎、堅持、憤怒，甚或喜悅。女性的生命歷程，歷經兒童學習期、少女青春期、成人戀愛期、婚姻經歷期、更年變動期、老年回顧期，生命經驗豐富，記錄著日常生活篇章，刻繪個人成長的歷程、寫著精采的故事。

然而很少有女人將之具體呈現，或者認為那是平常人事，不足為人道，甚至故事的主角本身亦將之留在自己的記憶深處，或早就將之遺忘。每一個女人的背後都有著動人的故事，女人的一生若未為自己發聲、定格留下，而後隨著時間的消逝，將未能留下任何痕跡。

中年，對女人而言，更是一個中繼站。女性需要面對人生重整，回顧過往歲月，這是女人對自己算總帳的時候，也是對未來重新規劃的時刻；此時，以回顧過往歲月的歷程，整理、釐清過去的人生記憶，重新整理，去除過往的負擔與負面影響。若能將人生走過的痕跡，轉化為未來成長的資源，也是對未來重新規劃的一種方式，對女人未來的生命旅程必有助益。

為了這樣的理念，讓我從二〇〇〇年至今，在成長課後開辦「女性記憶創作」、「女人生命故事圈」課程，也因此和許多「女人故事」邂逅，與更多的女人結下不解之緣。

對自己的過往生命歷程，重新賦予意義，是女性記憶整理的主軸精神。女性生命記憶的整理，有著透過自我探索，而認識、接納、肯定自己，重獲自信，甚至自我治療的功能，也有機會發出屬於女人自己的聲音，顯現女人真實面貌。

在課堂上，我們用女人說自己的故事方式，透過對談、分享生命故事，以互相激盪、回饋、遊戲、活動、創作、寫作等方式，重新省視自己、與自我對話，因為對自己的生命重新賦予意義，對自我有了新的發現與認知。

過程中，眼見許多女人因敘說自己的故事，並將之具體的以文字、女紅、創作等方式呈現，其中有眼淚、掙扎、喜悅、探索、回顧，也覺察到其「自我圖像」產生的影響。

當她們開始追尋「我是誰」之後，終於能夠看清楚自己的面貌，但是，梳理了「自己的故事」又如何？我發覺，這樣是不夠的。女性長期盡忠於母職角色與社會期待，將重心放在家庭、家人與工作中，一直不被鼓勵冒險、嘗試去做沒做過和沒把握的事，那份理解自己、掌握自己的喜悅背後，少了一份嘗試的勇氣與行動力。

會「想」的人很多，實際上去「做」的卻很少。女人開始會「想」之後，如何帶領她們進一步去思考「我想要」、「我可不可以想要」，才是啟發女人行動的起點。我想，女人應該還要有夢，所以我開始了「女人夢想行動」的課程。

從「夢想」到「行動」，是從「我想要」到「我決定去做」的過程，女人要經過一段繁複的內在疑慮與掙扎，並且一一排除顧慮之後，她們才會有動力改變，然後看見自己的能力，生出自信。

於是，我帶著每一位姊妹回顧自己過去曾有過的夢想，從中找出未竟之志，並選出最想實現的夢想，然後帶著大家一起檢視這個夢想對自己的意義，增強想要的慾望，並學習盤點資源、做好實踐計畫，最後以組織之力，陪伴、協助整合資源，逐步實踐，並做成夢想實踐手工書，記錄自己行夢的歷程。經過一年的實踐，選在婦女節為她們舉辦「女人夢想行動發表會」，對社會呈現自己的夢想完成的成果與喜悅。

十年來，我們不僅創造許多夢想行動的故事，許多姊妹也培養了對夢想的新認知，更對自己有了「女人一定要有夢想，有夢想更要做出來」的承諾。

只是，在行動的過程，一個人的力量也許太薄弱，所以在夢想行動的課程中，透過「集體行夢」讓女人家一起同心協力，完成「共同的夢想」，因此而有了「歐巴桑騎機車凸台灣」的計畫。我們不為「挑戰體力」，只為「突破自我制約」；除了騎機車外，我們還參訪組織、了解公共事務、拜訪特別的女人與之對話，更賦予宣導防止暴力的社會參與行動。透過姊妹之間的群體支持系統，讓她們慢慢感受自己的改變，看見自己每一次努力的背後，其實都是一次又一次「突破自我框架」的行動。

多年來的發現是，女性尋找自主、尋回主體性必經的歷程，透過自我了解、接納自己、找回自信、成為自主的女人，讓女人開始有能力建構自我與未來生命的認同，也具備改變自己處境的能力。社會的變遷如此迅速，婦女的適應難度更形提高，我們透過增權女性，讓女性擁有發現問題、面對問題、解決問題、改變問題的能力，這是現代社會婦女學習的一個重要課題。

從一個婦女成人教育的第一線教學者出發，可以發展什麼樣的方案及課程設計，促進婦女學習的效能，更能協助婦女在未來發展與適應上的轉換、改變處境，是我經常在思索的問題。

於是，屬於我們的故事，就從「女人生命故事」延伸到「女人夢想行動實踐」，從「我」延伸到「我的行動」，再到我們「集體行夢實踐行動」，試圖讓姊妹們看見並突破一條又一條看不見卻又深深綑綁的自我制約。以重啟中年女性面對生活的活力與夢想、重享夢想實踐的喜悅與樂趣，重新建立女人的媒介能力——相信自己的行動能帶來改變的契機。透過夢想實踐的過程，培植行動及執行力。

彩色頁也推廣「彩蝶學習達人宣言」，鼓勵中年女性要如同振翅的彩蝶，依然帶著夢想和遠景高飛，同時透過不斷地系統化學習，讓自己發酵成一罈陳年佳釀。

看著姊妹們為自己的生命打開另一扇窗，她們終於知道：「原來自己可以活得不一樣！原來我也可以做到。」每個女人的生命視野及格局因而有了新的可能；眼見每一次女人生命的開展都是一份喜悅，我也為自己能在女人的成長中盡一份心力而愉悅！

與姊妹們共同創造出來的記憶，在每個人的生命中，留下了深遠的印痕。能與一群女人結下如此深刻而綿長的緣分，誠屬難得的際遇。相信每一位在機車行中悠遊過的夥伴，對這份「姊妹情誼」的情感必然難以割捨！

而這個「歐巴桑集體行夢」的故事，當然不簡單，充滿了七彩絢爛，滋養許多女人的生命：有猶豫，也有衝動；有掙扎，也有愉悅；有歡笑，也有眼淚；有挫折，也有豐盛；有吵架，也有擁抱；有遊說，也有合作，提供姊妹互相扶持、在團體中共同成長，一起築夢、行夢、圓夢的珍貴甜美記憶。

這個「集體行夢」的旅程，歷經十年，這一刻歡喜及感動充塞於心中，感謝所有曾於行動中貢獻過的姊妹們，也感恩於現在仍在團體中耕耘的夥伴們，因為你們的參與和用心，證明在團體中去除了「計較與較量」之後，女人仍能創造出「共同行願」的可能，還有因而產生的姊妹情誼依然繚繞，正如彩蝶飛舞。

二○二一年，是彩色頁成立的二十周年，我們希望女人可以真正自主，而「歐巴桑騎機車凸台灣」呈現出我們做這件事的核心理念與價值。

在機車行舉辦十周年時，我們原本計劃重啟機車環島行動，只不過，卻遇上新冠病毒肆虐全球，更讓我們體會到「女人一定要有夢想，有夢想更要做出來」，當我們有「想要」，就趕緊「去做」，有夢就要去實踐，不要留下遺憾！

所有的故事，讓我們說給你聽。

就請你進入後面所敘說的故事中，與我們一起展閱、一起歡樂。

前言

因為有妳，成就現在的我

在彩色頁的小教室裡充滿笑聲，美雅、美英、良種、曼蘋、素芝等歐巴桑們，談論著這十年來曾經參與過的「彩色頁歐巴桑騎機車凸台灣」一的集體行夢行動；狹小的空間裡，充滿了回憶裡的精采畫面和每一張得意的笑臉。

二〇一七年參加歐巴桑機車行的美雅，回想當年和一群姊妹們從高雄騎機車到基隆，其中一天颱颱風，在往苗栗的大安溪橋上，冒著大風大雨騎車，整部機車快被風吹離地面，她幾乎無法控制，邊哭邊騎；當晚在飯店裡想起恐怖的這一切，又大哭了起來。事後她說，那時滿腦子想著，萬一自己出了什麼意外，回不了家，小孩該怎麼辦？

如今她聽說彩色頁要重啟機車環島計畫，頻頻向當初邀請她參加機車行的美英詢問何時可以報名，她迫不及待能再次參加機車環島。

聽到美雅的反應，美英瞪大眼睛覺得不可思議，很好奇地問她：「妳上次去基隆不是被嚇得很慘嗎？我以為妳嚇到不敢再參加了。」

「雖然那一次的經驗真的讓我怕得要死，但是每次回想起當時和大家出遊的一景一幕，真的很懷念。反正最恐怖的狀況我都經歷了，還有什麼好怕的！」美雅不但沒有被基隆那次的恐怖經驗嚇到，反而像個玩上癮的妹妹，作勢哀求美英一定要陪她再參加一次。

身穿一襲熟女洋裝的良種，舉手投足雍容華貴，十年前義氣相挺好姊妹曼蘋，參加她承辦的三地門機車行，良種還記得騎完回來的隔天，全身痠痛到根本下不了床。

她和姊妹們閒聊當年機車行的往事，提到去年暑假和女兒一家人開車到屏東六堆玩，那天女婿開車，經過三地門時有個大斜坡，她彷彿被拉回到十年前，參加機車行時經過的這一段，當時還有警察幫忙指揮交通，讓車隊安全順利通過。回憶歷歷在目，她很驕傲地在車上分享這段往事給孫子、女婿和女兒聽。

良種只參加過一次歐巴桑機車行，她笑說：「這種經驗只要一次就夠了，一次就可以記一輩子，記得我曾經這麼勇敢過一次！」

好久沒有出現在彩色頁的素芝，當年隨著先生創業，舉家搬來高雄，恢單後的她，陪伴的孩子如今也長大了，目前她正準備搬回台北娘家，就近照顧爸媽。

身為專業烘焙師的她，拎著自己親手做的提拉米蘇分享給姊妹；姊妹們對她的手作糕點讚不絕口，還特地參加她開設的烘焙課程拜師學藝。

她是彩色頁第一次舉辦歐巴桑機車行的「元老」，也因為機車行的緣故，認識了好姊妹曉鸞、瘋婆子團隊；她參加了三次彩色頁機車行後，接受曉鸞揪團邀約，一起騎機車環島，那一次四人騎到曉鸞的花蓮老家，也到了素芝自己在板橋的娘家。

素芝說：「爸爸被我們這群姊妹的熱血感動，前幾年他一時衝動，居然也騎機車環島，年近八十歲的他，繞台灣一圈後回到家，整個人都虛脫了！」她笑著說，爸爸那時候覺得自己騎太快、太衝了，不過騎完台灣一圈之後，直說是被她們這群歐巴桑刺激的，但他很驕傲，也很滿足自己完成了環島的心願。

這群歐巴桑聚在一起，聊起機車行的回憶，嘴裡提及的人物，少不了介言老師。

介言創立了「高雄市彩色頁女性願景協會」，從事婦女教育二十多年，把彩色頁打造成每一位女人的第二個娘家，並帶領這群歐巴桑一起參加過彩色頁從二〇一一年到二〇一八年舉辦的多次「歐巴桑騎機車凸台灣」活動。

她開設的「女人夢想行動」課程，曾有一位學員叫「芳珠」，提到自己的夢想是機車環島，引起了大家的共鳴。原來不只是男生，也有許多女人曾經有過這個夢想。於是介言想，是否可以讓這群女人集體行夢。

介言好幾次在課堂上、辦公室聊天時，詢問大家對於機車環島的看法。這群歐巴桑幾乎都是走入家庭的妻子、媽媽、婆婆或是阿嬤，一聽到機車環島，第一個反應就是好危險、路上的車子多到讓人害怕，又擔心萬一迷路了該怎麼辦、會不會回不了家？此外，歐巴桑們還會顧慮到家庭責任，問自己如果就這麼拋家棄子去環島，是不是太自私了……

介言聽完大家的意見，發現中年女性在面對挑戰時，似乎第一時間都會找一些理由否定自己執行的可能。面對這個女人常見的「自我制約」，她想著如何突破？有一天，她和高雄市政府社會局婦女館的社工督導君儀討論歐巴桑機車行的執行可能性，她問君儀：「我們來辦個大齡女子騎摩托車好不好？」

君儀長期協助政府單位推動婦女權益與福利等相關議題，因此和介言老師經常接觸。君儀聽到她的提議，第一個反應是：「騎機車要幹嘛？」

介言把她在女人夢想行動的課程中，發現許多中年婦女的夢想是環島，跟君儀討論：「如果要這群歐巴桑騎腳踏車去環島，可能有一些困難，如果是騎機車環島，執行的可行性比較高。」

「好啊！」君儀不假思索地回答。

「妳說好？」介言對於君儀的爽快回答覺得驚訝，因為君儀是第一個認同她的想法，而且是馬上說「好」的人。之前她只要在課堂上、辦公室提出機車行的夢想行動計畫，都立刻被打槍。她笑著對君儀說：「看來只有我們兩個是不怕死的人！」

其實君儀發現介言老師在歐巴桑騎機車這件事上醞釀了很久，並不是一個衝動的想法，相信她看見機車行有執行的可能，直覺的反應就是力挺她的決定。

有了君儀這一票的認同後，介言開始在組織內部進行遊說，她必須說服彩色頁的工作團隊以及理監事。大家在會議上也提出了許多疑慮，包括行車的安全、體力的負荷、日曬雨淋的問題、迷路的緊急救援、姊妹家人的支持度，以及協會承擔的責任風險等等，甚至對於姊妹們沿路找洗手間、加油站這些需求都被提出來討論。

她好不容易說服了工作團隊，下一步還得遊說協會裡的這群女人。面對歐巴桑對機車行的不安與擔心，從她們的問題中，觀察到這群女人雖然騎車車齡都很長，但基本上，機車只是代步、接送小孩、買東西的工具，大都騎在家、市場、小孩學校這三角點內，車速都不超出三十，甚至還有姊妹從未騎出高雄市，而且她們還從未曾有過拋夫棄子獨自出門的經驗。

介言發現大家還沒開始做，就被自己的種種思慮限制住了，她認為歐巴桑機車行，正好可以讓她們學習「突破自我制約」。由於要她們一下子拋夫棄子七到十天去騎車環島不太容易，幾經思慮，最後終於決定採取分期付款完成的方式來消除她們的疑慮。

因此，二〇一一年的「歐巴桑騎機車凸台灣」夢想行動，彩色頁先規劃兩次短途、當天來回的行程當做實驗，一場是從高雄出發到鄰近的美濃城鎮，另一場則是從高雄市騎到屏東的三地門。

當團隊第一次策劃歐巴桑機車行，決定從高雄到美濃的行程，在過程中，因為大家都沒有這方面的經驗，姊妹們一個一個拋出許多疑慮，並充滿焦慮和遲疑。

那時候，年輕的社工員對於姊妹的反應不解，疑惑的說：「只不過是騎五十九公里而已，為什麼她們會那麼憂慮？」

介言老師說：「由於女人從小就不被鼓勵冒險，不被鼓勵做一些沒有把握的事，當她們面對機車行這種沒做過的事時，所有的擔心都是因為生命中未曾有過這樣的經驗。對沒經驗過的事會卻步，是我們要理解的。」

介言老師平日也騎機車通勤，對於第一次舉辦歐巴桑機車行到美濃，她覺得路程並不遠，但自己也沒有騎過；聽到很多歐巴桑心中的焦慮，看著那一張張憂慮的臉，她把大家的憂慮都想過了一遍後，決定自己騎機車走一趟，親自去體驗一下。

她想親自體驗，究竟有沒有像歐巴桑口中所擔心的車多、迷路、害怕這些問題，並真實的去體驗女人的內心。

介言老師告訴社工員說：「如果我自己先去做一次，也許就可以真正理解她們心中的擔憂。」

她不會開車，也沒有自己遠程騎機車的經驗。介言老師的兒子玩機車，雖然知道媽媽很獨立，但還是會擔心，覺得她其實和彩色頁裡的女人一樣，沒有什麼方向感，不分東南西北，只知道前後左右。

他最擔心的是這些路媽媽完全不熟，會迷路，又不熟地圖操作的方向感，怕在山中找不到路怎麼走。問她：「媽媽，要我陪妳騎嗎？」

介言老師想了想說：「不必，我要自己一個人騎看看。」

於是兒子為她解說地圖運用的路感，並教她如何在網路上查找地圖及下載地圖。在準備的過程中，她體認到，就算是理智告訴自己，手上已經握有地圖、知道路怎麼走，但因沒有實際單獨用地圖去陌生地方的經驗，在心理上，還是會感到些微疑慮。因此她把上網找的地圖分段列印出來摺成手掌大小，以方便騎車時瀏覽；她還想辦法把地圖分頁固定在儀表板上，以便邊騎還可邊翻頁。

直到親自騎機車走一趟之後才明白，那些在地圖上看起來彎彎曲曲的道路，實際經過時發現，根本沒那麼曲折，那一種「路感」，其實很難說清楚。

然而，介言老師在騎車的過程中，也終於體會到愛騎機車的兒子曾經告訴她人車一體的「車感」，並發現女人心中有許多害怕，多半是想像出來的，因為她們沒有經歷過，缺少那一份實際的經驗感。

騎完這一趟回來，她心想：「連我這種經常騎機車跑來跑去的人，親自騎去美濃都還有點緊張，更何況是這些姊妹，要她們做這件從沒想過的事，一定會焦慮。」

之後，介言老師和大家分享：「雖然我是一個十分獨立的女人，但是騎機車並不是我擅長的事，那是我第一次察覺，原來一個女人去做一件自己不熟悉的事，即便像我這麼獨立，還是有所遲疑，只是我有社會參與的經歷，所以對自己比較有信心、不怕挑戰，會安頓自己的情緒。我還會帶好足夠的錢，萬一自己在挑戰的過程失敗了，還有辦法自救。」

親自挑戰機車行之後，她發現其實沒有想像中那麼難，那一刻她才體會到，女人心裡有很多的顧慮，都是自己嚇自己，被自我制約住了。其實，女人很多時候不是沒有能力，而是她們沒給自己一個機會展現。

由於大家都沒有策劃機車行的經驗，我們也只能從零開始。承辦美濃機車行的工作是由協會社工負責，而君儀的角色是從公部門協助我們一起完成這個「第一次」。

大夥兒在行前會議上提出許多想法，君儀說，有男性友人建議她，因為每個人的機車長得都不一樣，必須要有統一識別，減少騎車跟丟的狀況發生。原本大家想統一採購安全帽，不過因為經費有限而作罷。

由於歐巴桑騎機車凸台灣的規劃是以「分期付款、分段完成環島」的概念執行，介言老師提出讓每個成員製作一本屬於自己的「夢想行動存摺」，記錄每一次騎機車的里程累積，看著夢想一點一滴完成；這個構想獲得大家歡迎，並提出不要統一制式，讓每個人自己製作夢想行動存摺的封面，而具各自的特色。大家並自行相約在彩色頁一起製作封面，還每個人拿著自己精心繪製的夢想行動存摺拍照合影。

在規劃的過程中，承辦的社工求好心切，許多事社工覺得自己做比較快，要通知歐巴桑一個一個來開會討論，耗時又沒有效率。不過，歐巴桑機車行的概念並不是像旅行團開團報名就好，介言老師和君儀都覺得要讓姊妹們有參與感，讓她們在騎機車這件事上，能夠為自己做點什麼，就算是參與討論、決定流程，這些過程所累積的經驗，最後會回饋到她們自己身上。

幾經對話，團隊仍然堅持「參與、培力」的原則，介言老師堅定地說這是原則，因為我們不是旅行團。

君儀在婦幼館服務，有一位男同事非常熱心地協助我們第一次美濃機車行的計畫，他還親自為大家設計識別海報，裝飾在機車上。

他也熱心分享經驗，認為車隊出發後只要在約定的時間定點集合就好，騎車的過程不需要集體行動，因為每個人的騎車習慣不同，強制大家跟車會牽制彼此的行動，車隊過長反而不安全，因此他建議車隊不要跟車。

君儀把同事的想法提出來和大家討論，不過，騎車的過程不跟車，不符合大家的感覺，不被歐巴桑們接受。

君儀這才發現，男人和女人的思維果然不一樣。在騎車這件事上，其實女人是要看到彼此才會放心，這個放心不是自己放心，而是看到同伴還在的安心，「女人覺得應該要互相扶持，那一份姊妹情誼是『我要顧好自己，也要顧好妳們』，而騎機車這件事是靠大家彼此相互扶持才能完成。然而，男生的處理方式就是約定到下一個地方、碰面的地點會合就好，在過程中他們可以不必看到彼此，他們習慣單打獨鬥；而女人喜歡連結。」

為了解決車隊過長的安全問題，幾經討論，大家決議車隊採取「分組」的方式，一方面可以縮短車隊的長度，另一方面也符合大家想要「互相照顧、互相連結」的心理需求。由於車隊分組，各組就需要有

「組長」，可以趁機訓練承擔任務，發揮互助合作的功能，以符合組織進行培力的宗旨。

而在機車行出發前要召開「行前會議」，讓參與的成員了解規劃進度，並且提出意見和疑問一起討論。會議的過程中，也讓原本不熟識的人，因為參與行前會議的討論、因騎機車這項共同的目標而有了連結；就連出發後的團體精神，也在行前會議中培養彼此的感情與默契。

介言老師和君儀也討論，歐巴桑機車行不只讓歐巴桑只做「騎車」這件事，還要加入社會參與的元素。因此介言老師提出活動內容加入拜訪各地的婦女團體，並與各地特別的女人安排交流，讓姊妹們聽一聽別的女人不一樣的人生故事；除了接受「騎機車」這項挑戰之外，她們也可以透過交流和參訪學習成長、拓展視野。而在活動結束後，再安排分享會，讓每個成員談論參與的心得感想，讓這份經驗慢慢影響自己，回饋在她們的生活中。於是「參與及培力」的核心精神成為貫穿全局的思維。

第一章

二〇一一年　高雄—美濃

出發前，妳在擔心什麼？

晚上七點鐘，彩色頁小教室裡的人潮，就像是學校舉辦返校日一般，長桌上擺滿了琳瑯滿目的食物，有些是她們自己在家煮好，有些則是特地採購帶來彩色頁。只要這群女人家聚在一起，一定少不了的是：分享、嬉鬧，和美食。

介言老師在眾多歐巴桑你一言、我一語的寒暄氛圍中，舉起了杯子說：「來！各位舉杯，大家好久不見！」這天，她召集了將近三十位「大齡飆風女騎士」回娘家；小教室裡，擠滿了參加過彩色頁從二〇一一年到二〇一八年舉辦的「歐巴桑騎機車凸台灣」活動的歐巴桑。大家再次相聚，為的是彩色頁走過二十周年之際，計劃號召全台灣的歐巴桑一起參與機車環島。

收到介言老師的「召集令」，被大家稱為「彩色頁開心果」的碧玟準備了肉燥麵、花椰菜和福州丸子來開會；「彩色頁大廚」翠梧則在廚房裡張羅大家開會時的食物；素霞和先生帶來的好吃米血糕，以及味省準備的花生豆腐也十分熱銷，一下子就被姊妹們搶光；曼蘋和雪紅則帶了蛋糕和點心；碧修剛從淡水回來，順便買了淡水名產魚酥給大家；而筠匀正在開發她的新產品「酵素氣泡果飲」，特別在這次的「同學會」中請大家試喝。

介言老師說，看著大家久別重逢還是一樣相互關心，很感動彩色頁的女人情誼可以歷久彌新。

這一群歐巴桑，有的雖然騎機車的車齡長，但大部分只把機車當做買菜、接送孩子的代步工具，現在她們都成為了「飆風女騎士」的其中一員。

「歐巴桑騎機車凸台灣」是介言老師開設「女人夢想行動」課程的一部分。她看見女人很少探究自己的夢想，甚至不知道可以擁有夢想。當她們從自己的生命故事中抽絲剝繭，發掘出自己的夢想之後，下一步就是推動她們去實踐。

在「女人夢想行動」課堂上，有一位成員叫芳珠，她在二〇〇八年來到彩色頁擔任會計工作，介言老師邀請她來上「女人夢想行動」課程。芳珠白天擔任會計工作，下班後上課，回家之後還要處理老師交代給學員的課後作業。

課堂中，她在老師的引導下探索自己的生命歷程，挖掘自己的夢想，才上了第一堂，回家居然哭了一個星期。她發現那些原本放在心底不再想起的事，以為自己早已放下了，其實並沒有時間好好去面對它；上了課之後，她再次從心底翻開往事，去面對、處理它。

芳珠家裡有六個姊妹，小時候爸媽給她們的教育，就是放學後要趕快回家，不可以到處跑。由於姊妹們的個性都很活潑，雖然偶爾在家待不住，會想偷溜出去趴趴走，但是對於爸媽的要求，她們姊妹大部分都還是乖乖聽話。

不過，姊妹們聚在一起總是嘰嘰喳喳個不停，常常聊到有趣的事就放聲大笑，芳珠還記得，爸爸有一次命令大家安靜五分鐘，不可以說話，她笑說：「爸爸卑微的要求，只是希望可以圖一個五分鐘的安寧。」

芳珠心中感慨，從前的女人很少可以憑著自己的想法去做想做的事情。就拿放學要趕快回家這件事來說，有時候會想跟同學出去，但是家人不同意；想學騎單車，爸媽覺得太危險，勸她長大一點再學……。「願望清單」就這麼一拖再拖，等到結婚生子，時間都給了家庭和孩子，哪來的時間留給自己？

某一天，介言老師在課堂上出兩個題目，一個是覺得自己可以做得到，但還沒完成的夢想；另一個是覺得自己無法做到，但很想擁有的夢想。芳珠想著自己可以做但還沒去做的夢想是什麼？於是她寫下的答案是「騎機車環島」。

芳珠在介言老師的課程中，寫下自己想要完成的夢想是「騎機車環島」，這個夢想獲得許多歐巴桑的共鳴，素芝就是其中一位。

素芝在彩色頁中，被大家公認是手藝非常好的烘焙老師，她除了參與彩色頁的成長課程，也在彩色頁開班做烘焙教學。在板橋長大的她，婚前於台北五星級國際酒店裡擔任烘焙與西點製作，進而認識了先生，由於先生要來南部開拓事業，她才辭去工作，帶著孩子舉家南遷高雄定居。

她讀高中時，家中做生意被別人倒債，那段時間她中斷學業，幫忙家裡渡過難關。幸好靠著全家人的努力，家裡的債務在她二十三歲時清償完畢，她也鬆了一口氣，終於有時間規劃自己想做的事。

她小時候聽爸爸提過，年輕時的他曾經騎車環島過，那時候她覺得爸爸好熱血。後來看到台灣第一位完成騎單車環遊世界的胡榮華躍上新聞版面，掀起單車環台的熱潮，素芝承襲著爸爸的「熱血」基因，在知道胡榮華集結台灣單車好手，合作「踏板上的勇者」單車環台活動時，立刻義無反顧加入，成為其中的一名「勇者」，那年是一九八七年。

而今，隨著老公、小孩移居高雄的她，只是一位平凡的家庭主婦，當孩子長大，開始上學讀書，她也有時間可以安排自己想做的事，於是參與許多婦女成長課程與志工服務。當時她參與的志工團隊前往參加彩色頁的女人夢想行動發表會，當時，介言老師提到芳珠的夢想是騎車環島，素芝心裡那一份未被澆熄的熱血再度燃燒，她一直把機車環島這件事放在心上。

於是，她開始關注彩色頁的動態，並且也報名彩色頁的課程，一遇到介言老師，就打聽機車環島的規劃進度，終於等到開放報名，參加第一次的美濃機車行。

自從素芝定居高雄後，娘家的爸媽和妹妹麗萍便經常南下高雄度假。由於麗萍十分喜歡高雄的環境，也跟著姊姊搬來高雄。素芝這次參與機車行，順便邀妹妹一起參與。

不過麗萍想到要騎機車出門，無法打扮得美美的，堅持要搭姊姊的車。彩色頁則破例同意她搭素芝騎的車一起參與。

如果不是美濃機車行的緣故，有好多姊妹可能不知道彩色頁也有「元老級」的隱藏版會員，這位「元老」是雪紅。

早在彩色頁成立之前，雪紅就參加介言老師開設的讀書會。她的學歷不高，書讀得不多，當時想學寫作，於是報名介言老師開的「女人生命故事寫作班」，沒想到介言老師不只認真地用紅筆一篇一篇改她的作文，還會跟她討論如何將內心感受與寫作技巧連結，她很感動，把這件事記在心裡。

當她知道介言老師成立了彩色頁，自然而然就成了創社成員，雖然很少出沒在彩色頁的活動，卻時常留意彩色頁的發展。

有一天，她巧遇介言老師，聽到彩色頁要辦美濃機車行的活動，馬上決定報名。

她跟介言老師說：「曾經有幾個好姊妹會定期聚會，有一次她們相約騎機車出遊，我說我也想要去，但她們虧我是『肉腳』，不讓我跟，我心裡很沮喪。」雪紅猜想是不是自己的年齡稍長，可能拖累到姊妹們的行動，才被拒絕參與。

這件事她一直耿耿於懷，所以一聽到彩色頁要辦機車行，完全觸動到她心裡想做的事。只是她報名了之後，才知道沒有那麼簡單，還得上課、參加行前會，她嘟囔著：「不就只是去騎車嗎？」卻被介言老師瞪了一眼。她沒敢多話，乖乖地每次參加。

她為了參加美濃機車行，特地買了一部一百C.C.的機車，連先生都贊助她，讓她添購所需的騎車專業裝備，成為隊伍中的一抹亮點。

原本就在婦團當志工的秋美，因緣際會下認識了彩色頁，得知彩色頁的女人夢想行動課程計畫裡，要舉辦歐巴桑機車環島時，她非常興奮，表明要報名參加。

由於她娘家幾位姊妹都住得不遠，時常相約出遊，這次她也邀約住在里港和橋頭的兩位親姊姊一起參與。

這一場因為芳珠的夢想而催生的歐巴桑機車行集體行動，本該是她圓夢的起點，然而，某一天，她坐在辦公桌前準備起身時，突然發現自己居然站不起來；大家看到都嚇壞了，以為她工作太勞累，勸她趕緊回家休息。

她休息了幾天，在家也躺不住，想一想還是去上班好了。不過，她的狀況似乎沒有好轉，經過就醫檢查，醫師幫她照了X光，發現她的脊椎已經呈現S形，脊椎側彎非常嚴重。她必須長期復健、戴護具保護腰部，而且不能久坐。最後在醫師嚴厲的警告下，她只好放棄參加機車行。

這個因她而起的夢想行動，讓很多姊妹們得以跨出第一步，彌補幾十年來的遺憾，一些還在猶豫的姊妹卻也因為她的遭遇，而下了決心出發。

【女人夢想行動實踐】歐巴桑騎機車凸台灣之一

我是夢想行動實踐者

時間：二〇一一年四月九日

路線：高雄到美濃

里程：一一八公里

車隊：十二台車

前導車：佳玲

第一組：介言（組長）、秋美、曉鸞
第二組：絹添（組長）、素芝與麗萍、雪紅
第三組：士芳（組長）、雪雁、君儀、月皎、麗麗
後勤保母車：本娜

四月九日（日）

去程：
（A路線）楠梓火車站—台二十二線（會合B路線）
（B路線）婦幼館—台二十二線—台二十九線—瑪諾蘭迦農場（午餐）—美濃愛鄉協會

回程：
美濃愛鄉協會—台二十九線—台一線—婦幼館

二〇一一年四月九日，高雄市婦幼青少年館前聚集了十多名歐巴桑、十二部機車，浩浩蕩蕩出發前往美濃。高雄市社會局長張乃千也在現場為這一群飆風女騎士加油打氣。

當初懷抱著擔心與憂慮，甚至還質疑自己騎車技術的歐巴桑，出發時既興奮又期待。雖然她們年過半百，但是防曬工作一點都不馬虎。大型口罩遮蓋頸部、戴著大鏡面墨鏡、穿上長袖風衣或是袖套，再加上手套，包得緊緊的。

素芝這次載妹妹麗萍參加，麗萍格外興奮，隨時注意著車隊何時出發。眼看前導車緩緩向前移動時，麗萍興奮地跳上素芝的機車，告訴她準備出發。而麗萍這一跳，讓雙手握著機車龍頭的素芝毫無心理準備，「咔啦」一聲，素芝左手腕一陣劇痛。看著妹妹參加活動這麼興奮，素芝不敢叫出聲，不想壞了她出去玩的興致，於是她的右手慢慢加油，忍著左手的疼痛前進跟上車隊。

車隊由佳玲擔任前導車，本娜開車擔任後勤支援人力，車隊由介言老師、承辦社工和士芳擔任各組的小組長，帶領歐巴桑往美濃前進。

秋美之前在確定美濃機車行的路線後，便和兩位姊姊商量如何在車隊行進途中會合。她先騎車到楠梓，和住在橋頭的姊姊碰面後，再出發前往和里港的姊姊會合，之後再姊妹三人到集合處會合。

秋美和車隊會合後，跟在介言老師騎的老舊小綿羊五十C.C.機車後方，心裡十分擔心她的安全，深怕這部小綿羊在半路拋錨。其實，雪紅之前也建議她，是不是考慮租一部安全一點的機車來參加活動？不過，介言老師十分堅持：「我就是要騎我自己的機車，它跟我這麼多年，我要帶著它一起進行這項壯舉。」殊不知介言老師已花了大錢把機車送機車行檢修。

雖然高雄到美濃約五十九公里，途中還是安排休息點，讓大家上廁所、喝水、加油。幾位歐巴桑一停下來休息，才發現自己的雙手都麻了！沒有騎機車跑過這麼遠的雪紅，雖然覺得雙手痠痠麻麻的，但是不影響她騎車，反而覺得這個經驗很難得，得意的炫耀她的新裝備。

到達美濃後，雀躍的心情寫在每個人的臉上。大家除了走訪美濃的景點外，介言老師還安排了參訪行程，讓歐巴桑可以透過交流，看見不同的社會參與及女人的生命故事。

午餐時間大家來到瑪諾蘭迦農場，這裡是創辦人王靖淑與義大利籍老公馬可共同經營天然日用品與烘焙產品的園地，也是主婦聯盟合作社的供應商。王靖淑分享自己的生命故事，從如何認識先生，一直到回台灣關注環保議題，奇妙的歷程是許多歐巴桑想像不到的人生，她們發現，「原來女人也可以這樣的活」。

接著，我們前往美濃愛鄉協進會，總幹事邱靜慧接待大家，談到協進會參與美濃水庫的抗爭與日後的社區經營、社區營造的經驗，她也分享了自己參與的過程，讓這一群女人開始發現土地與鄉里之情，也看到女性參與社會改革的層面，讓她們興奮地搶著跟個子小小的靜慧合影。

歐巴桑第一次的美濃機車行順利完成，沒想到隔天一早七點鐘，君儀就不斷收到電子媒體記者的電話，原來歐巴桑美濃機車行被登在報紙新聞上，許多電視台記者要採訪這些歐巴桑，並提出補拍前一天出發的畫面。

由於拗不過記者，君儀和介言老師一早就忙得不可開交，只得打電話聯絡歐巴桑，把昨天的裝備、機車全部還原，再回到高雄市婦幼館前集合，「重演」當天出發的情形。對許多歐巴桑來說，根本沒想過自己有一天會成為電視新聞裡的主角，甚至也搞不懂為什麼要再度「全副武裝」回到婦幼館，但姊妹們仍幾乎全員到齊，重返婦幼館，重演一次出發儀式，並在攝影機前接受電視記者訪問，再一次體會成為新聞人物的感覺。

在之後舉辦的分享會上，社會局社工督導君儀說，那天看著大家騎上機車出發，感覺到她們不再是人妻、阿嬤這麼老氣的名稱，而是充滿夢想的青春美少女。尤其很多家庭主婦都不曾想過自己可以躍上新聞版面，而且是這麼鼓舞人心的正面新聞，她向歐巴桑們說：「妳們要成為自己生命的主角，女人就是太常把自己放到旁邊。」

雪紅說，騎完機車隔天，上半身和雙手痠痛不已，又莫名其妙臨時被「緊急召回」，她原本只想待在家好好休息，但是想著這是大家第一次一起完成的機車行，承辦活動的社工很細心，很多細節都照顧到，如果有更多的新聞報導，讓活動被看見，對承辦者來說也是一種肯定，於是顧不得腰痠背痛回到婦幼館配合媒體採訪。

雪紅因為這一趟機車行，發現自己其實還不算太老，因為在車隊裡，還有年紀比她大的六十三歲歐巴桑參加。至於那群不想讓她參加機車旅遊的姊妹，她也不忘對她們「炫耀」一番，雪紅說：「我回去跟那些朋友講，我去參加了機車行，還騎到美濃去，而且告訴她們，彩色頁辦的機車行不像她們出遊，連規劃都沒有，那麼隨興；我們不一樣，出發前就把行程規劃得很仔細，讓我感覺就像被保護的小孩一樣。」

秋美和親姊妹相約趴趴走不是什麼稀奇事，然而這次的美濃機車行，她卻有不一樣的感受。原本以為只是騎機車出去玩，沒想到還有參訪行程，聽到不一樣的女人故事，心裡有很大的收穫。她說：「那是一種『和大家一起完成一件事』的革命情感，心境和一般的旅行出遊不一樣。」

素芝為了讓妹妹參加機車行留下美好回憶，即使左手扭傷仍撐著騎完全程。回來後，左手休養了一段時間才漸漸復元。

這段期間，素芝其實面臨人生的低潮期，只是她不太述說家庭與婚姻的煩心事。經過這次的機車行，認識了好姊妹，有時候會有「惺惺相惜」的感覺，讓她在這裡獲得一些力量，可以更勇敢去面對生活中難解的習題。

彩色頁第一次的機車行圓滿成功，沒有參加的歐巴桑也很佩服這一群勇敢騎在夢想路上的姊妹。筠勻是彩色頁電腦班的成員，也是女人夢想行動課程的學員，她聽介言老師提到要辦機車行很久了，也在課堂上聽大家討論很多次，心想：「大家真的走得了嗎？真的有人會去嗎？」一直到看到新聞報導之後，她十分震驚：「沒想到大家真的出發了！」她十分懊惱，居然沒有跟上隊伍，也告訴自己，下一次一定要參與！

第二章：二〇一一年　高雄—三地門

做自己生命的主角

彩色頁第一次的歐巴桑機車行獲得新聞媒體關注，高雄市社會局也進一步提供資源協助。緊接著，第二次前往三地門機車行也要開始準備策劃。

曼蘋和介言老師都在高雄經營婦權議題許久，經常在相關場合碰頭，而曼蘋主要是在公部門單位服務。她為了學習社工專長，特地到屏東美和科技大學進修，然而讀社工需要實習與製作期末專題報告，於是她選擇來到彩色頁實習，並承辦歐巴桑機車行到三地門的計畫，當做她進修社工課程的期末專題報告。

她聽介言老師說要辦機車行聽了好久，一直以來都是抱持反對意見。自從《不老騎士》紀錄片在台灣轟動之後，更激起了許多歐巴桑想要追求夢想的動力，然而在曼蘋看來，要帶一群歐巴桑騎機車出去，根本不容易。

她徹底研究了《不老騎士》的行前計畫，發現團隊規劃得相當完整，包括每個年齡八十歲的歐吉桑必須長期進行體能訓練就十分耗時，她認為，以彩色頁現有的人力與資源，怎麼可能辦得了這種規模。

然而在介言老師的想法中，歐巴桑機車行並非體能上的挑戰，而是讓她們在過程中看見自己的突破與改變，以及體驗在生活中少有的團體活動、因為一起合作而凝聚出相互扶持的姊妹情誼。

曼蘋之前有許多協助公部門辦活動的經驗，只是從來沒有辦過像歐巴桑機車行這種活動。由於三地門機車行預計在十月底出發，正好接近十一月二十五日的國際反家庭暴力日，這次的機車行便策劃結合高雄市政府家庭暴力防治中心，讓歐巴桑除了騎機車，更加入了反家庭暴力宣導的任務，讓她們可以用最簡單的方式參與公共事務。

這次的三地門機車行，君儀也協助彩色頁、提供意見，像是這次要進行家庭反暴力宣傳，她覺得最好可以深入家庭主婦常去的場所，像是美容院以及菜市場等等，曼蘋則在行程規劃中，把市場列入路線規劃當中。

曼蘋過往承辦公家機關的活動，往往考量的是「安全第一」；如何把活動安排得完整而妥當，讓大家可以用最安全的方式走完行程，這才是她認為的圓滿成功；同事都說她做事「超級龜毛」，因為她也是被許多非常注重細節的長官訓練出來的。

為了規劃三地門的路線，曼蘋前前後後來回三地門四次，她很清楚年過半百的婦女會出現什麼需求，像是騎了多久就必須休息、上廁所的地點也要事先規劃等等，所以她前兩次親自試騎路線，主要是測量行車的時間以及加油站和廁所的地點。她知道歐巴桑騎車很怕迷路，為此，之後兩趟她特別記錄每一個轉彎的地方，找出醒目的標示筆記下來。

她覺得有幾個車流量較大的路口，如果可以請求交通大隊的支援，車隊經過時也安全許多。然而，為了講究安全而採取的「保護」措施，與讓歐巴桑在過程中學習自我保護，這兩者之間的衡量衝突，讓彩色頁工作團隊與曼蘋之間不斷溝通「突破制約」的規劃理念。

曼蘋來到三地門，發現有一段爬坡路蜿蜒曲折，雖然她親自試騎的過程覺得不成問題，但是得帶領十幾位歐巴桑一起騎過這段斜坡，她心中還是有點擔憂。這一段斜坡正好在三地門鄉公所附近，她想起有社工系同學在這裡工作，於是打電話給在鄉公所服務的朋友。

沒想到，對方在電話那頭阿莎力地對她說：「妳放心！那天我們一定會讓妳們安全通過。」

這一次，君儀也來協助三地門機車行的規劃，她也贊同彩色頁團隊認為：「承辦人不是來『服務』這一群歐巴桑，如果把活動規劃得太鉅細靡遺，活動結束後，留下最有成就感的記憶，只有承辦人自己。但是，如果讓機車行的成員，從沒有做過的事當中去學習，找出問題解決它，她們才會看見自我突破的過程，而這樣的機會是要保留給每一個參與機車行的成員。」

如何讓歐巴桑在機車行的過程中保有突破自我的精神，又得在行程中做好風險管控，衡量這些細節，是曼蘋承辦機車行活動最重要的考驗。最後，彩色頁採取折衷做法，重要的路口依照曼蘋的規劃，請求交通大隊協助，其他部分則採取比較寬鬆的方式，讓歐巴桑學習處理行車過程的突發路況。

曼蘋承辦活動，少不了要邀好朋友共襄盛舉，幸紋、美珍和良種都情義相挺報名，其中，最讓曼蘋訝異的是良種居然願意參加。

良種平常其實不常騎機車，出門大多是先生開車接送。她和曼蘋認識很久，參與過她承辦的許多活動，見識過她做事追求細節到「吹毛求疵」的程度，也因此很放心地和幸紋、美珍一起來參加三地門機車行。

當曼蘋知道良種來報名，心裡雖然訝異卻也十分感動，不擅長騎機車的她願意前來相挺，另一方面也擔心她究竟能不能平安騎完全程。

在美濃機車行成功出發後，筠勻看到新聞報導才知道，扼腕自己居然沒跟上。她覺得大家都好勇敢，能夠找到自己的夢想，然後一起去實踐它。她想起在「女人夢想行動」課程上，有一位同學曉鸞，分享了花一整天搭公車想走就走的經驗，讓她對行動力留下深刻的印象。

曉鸞從來沒有在高雄搭過公車，有一天她在報紙上看到高雄市免費搭公車政策當天截止，這件事引起她的興趣，但她還是把報紙摺起來放一旁。只是，她突然想起自己在上「女人夢想行動」的課程，介言老師強調，有夢想就要去行動，她覺得自己不能像以往一樣，想一想就算了，於是立刻出發。

她沒有設定任何目的地，看到公車就上車，車子開往哪裡她也不曉得，到了某些站點就下車，到附近遊走，然後再看到有公車站，就在那裡等公車，有班車進站就搭，隨意在中途下車走走。這樣隨意上車、隨意下車、隨意遊走了一整天，曉鸞做了這輩子第一次沒有目的、沒有計畫的隨意陌生遊走之旅，她發現一種從未體現過的「自由感」，那種不受限的感覺深刻在心底。

從上午九點出門，一直到晚上九點，最後還搭到了終點站的調度場，全車乘客都下車了，她還不知留在車上等車開。司機要下班了，請她下車，她還緊張地問要去哪裡搭車回去。司機大哥好心地提醒她趕快出去搭最後一班車返回市區。

這一番體驗，讓曉鸞發現，夢想不一定要很大、很正式，一個小小的念頭也可以當夢想去實踐。

筠匀聽完曉鸞的分享後發現，原來這也可以成為一個夢想。她覺得大家都好勇敢，很努力地為了跨出那一步，做了好幾個月的規劃，然後完成它。

「而我呢？我的夢想是什麼？」她捫心自問，卻找不到答案。

筠勻在二〇〇七年時來到彩色頁，當時她結束婚姻離開家鄉，單獨帶著孩子來到高雄重新生活。她很有生意頭腦，善於理財投資，也是疼愛孩子的媽媽，在孩子還小的時候，就規劃好成長階段需要的教育基金、創業基金。但是，她沒料到這樣理想的安排，卻遭逢婚姻的困境而中斷；在離婚之後，讓孩子陷入生命與經濟的危機裡，她心裡很自責。

此外，和原生家庭的疏離，在筠勻心中也是一條無解的習題。她不解，她認為最親近的夫婿與家人，卻傷她這麼重，拉出了一條最遙遠的距離，讓她變得害怕人群。

她帶著孩子來到高雄後，經濟上不如以往寬裕，心理上更受了創傷；她尋求重新站起來的可能，於是來到彩色頁上成長課，而後又在彩色頁開辦的電腦課中學習網路運用。習得一技之長後，和一群姊妹成立網路電商平台，自己做生意，也幫姊妹做生意，慢慢地讓自己的生活站穩腳步。

她還記得剛來到彩色頁時，有一天，一如往常爬樓梯上樓去電腦教室上課，拐個彎走出樓梯間時，看見有位女性背對她，正和另一位彩色頁的成員交談。筠勻的視線落在那位女性的背影，慢慢游移到側臉，她感受到居然有這麼一位女人說話的氣勢深深能吸引著她，她就這樣記住了這個女人——介言老師；然後她開始關注彩色頁開設的課程，最後鼓起勇氣參加老師的「女人生命故事圈」團體課程，隨著老師的引導面對自己過往的生命歷程，重新檢視，重新梳理，重新賦予意義，開始對自己有了一番新的認同。

如果要用「女強人」來定義筠勻，不是那麼的精準。筠勻覺得過去在課堂上、書本上看到關於「女人」該有什麼標準、「強人」是否僅限為男性的象徵……等這些刻板印象無形在生活、教育中，灌輸至每個人的價值觀裡，很少人去探究：為什麼非得是這個樣子？

筠勻覺察到自己在每一次面對人生轉折時，看似理性淡然地處理，卻藏著不經意的思緒。她形容，如果思緒是一條棉繩，它是由許多細長的棉線組成，密密麻麻的，但是井然有序；然而，只要棉繩裡藏了一條細如髮絲的鐵絲，當某個事件像電流一般竄進了思緒，這條鐵絲一導電，你就被電到了！如果你不願意把它撥開、抽出來，就會被這條鐵絲控制，就會影響你對事情所做的判斷與決定。

筠勻在女人夢想行動課程中回想自己的生命歷程，幾乎都在完成別人的夢想。她曾幫朋友找店面，實現開餐廳的夢想；她曾資助為了家計放棄升學的孩子，重拾書本。在金錢和物質這一塊，她覺得自己是一個「通道」，她有能力帶錢進來，而且也樂於投資在有夢的人身上，但始終沒看往自己；因此，當課堂上有好多姊妹們談論著自己的夢想時，筠勻想了很久，卻說不出也找不到自己的夢想。

騎機車趴趴走對筠勻來說也不是什麼難事，第一次的美濃機車行，她卻沒有報名。雖然同伴是一群熟悉的姊妹，她也知道自己渴望擁有這樣的群體，但是，她還是很害怕面對人群。

「夢想」對筠勻來說，是一道很難跨越的門檻，介言老師曾對她說，她的夢想，就像七彩繽紛的氣球在遠方飄著，可以看見它的美好，卻又遙不可及。

「既然還沒有自己的夢想，那就先參與別人的吧！」筠勻心裡想著，不如就參加三地門機車行吧！

在機車行活動出發的前三天，曼蘋病倒了，一覺醒來發不出一絲聲音，她心想：「完蛋了！這麼重要的場子我怎麼可以缺席？不能因為自己的身體狀況搞砸了這場重要的活動。」

幸好她有熟識的家庭醫師，她請醫師幫忙，要在三天內幫她恢復聲音，讓她當天可以完成任務。

醫師開了處方，她也很順利的在出發當天恢復了聲音和體力，姊妹們看到她和前兩日病懨懨的模樣判若兩人，還虧她是不是裝病。

【女人夢想行動實踐】歐巴桑騎機車凸台灣之二

向下一個夢想再出發．三地門傳愛行動

時間：二〇一一年十月三十日

路線：高雄到屏東三地門

里程：九十公里

車隊：十六台車

前導車：曼蘋

第一組：良種（組長）、幸紋、美珍

第二組：筠勻（組長）、素玲、凱因、翠嬌

第三組：素芝（組長）、麗萍、鈁匀、李林滿
第四組：曉鸞（隊長）、又乃、雪紅、萬鮮
後勤保母車：君儀、介言、本娜、曾笛

十月三十日（日）

去程：

高雄市婦幼館—建國市場—大智陸橋—大寮江山加油站—高屏大橋—屏東市和生路二、三段—屏東縣交通大隊—屏東縣農會冰品部—六堆客家文化園區—屏東農場—屏安醫院—能友加油站—黎明國小—隘寮國小—三地門大橋—三地門鄉公所—三地門原住民文化館

回程：

三地門原住民文化館—蜻蜓雅築—三地門大橋—台二十四線—椰子園養護之家—屏東市和生路三段—高屏大橋—台一線—高雄大寮微笑加油

站——新光高中——大智陸橋——全美餐廳——高都鳳山所

參訪組織：屏東縣原住民家庭暨婦女服務中心

與特殊的女人對話：蜻蜓雅築珠藝工作室創辦人施秀菊

十月三十日一早，曼蘋和機車行成員趕在記者會前夕，提早到達高雄市婦幼館布置環境。機車依照出發順序排列，把準備好的識別標語一個一個固定在機車側邊和車牌下方，讓路人可以一眼認出她們就是「女人夢想行動俱樂部」車隊。

曼蘋原本準備好對講機，方便在車隊行進時聯絡，但是她租來的對講機沒有耳麥，騎車時使用不方便，使用不慎還可能造成行車危險，於是她們改以喇叭、燈號與手勢當做暗號。

高雄市政府社會局局長張乃千親自到場力挺這群歐巴桑，隨後她們騎著自己的機車依序出發。車隊由曼蘋親自帶隊，以三部車為一組，一共分為四組；這次社會局協助出動後勤車，由君儀、本娜、介言老師和兒子曾笛組成後勤人力，沿路守護大家；另外還有彩色頁媒體顧問林鴻文組成的攝影團隊隨行記錄，陣容浩大。

歐巴桑們一戴上安全帽、口罩和墨鏡，幾乎誰也認不出誰來，雖然大家都有別一條領巾在脖子上當做識別，但是，才一出發，心情興奮又緊張的良種，第一個路口就轉錯了彎，脫離了車隊。

人生地不熟的良種，在未知的街道裡迷路，雖然每個人手上都有一本手冊，路線記載得十分詳細，但良種實在慌張得不知該如何是好。幸好不一會兒，車隊同組成員回頭找到了她，順利前往下一站。

大家來到了第一站鳳山建國市場，接下來要進行反暴力宣傳，歐巴桑們拿起事先準備好的宣導小卡，針對每個攤位、每個消費者宣導家庭反暴力的重要。有些歐巴桑不曾有過投入公共事務的經驗，起初對陌生人宣導時還有一些畏畏縮縮，說話結結巴巴，卻也有些人駕輕就熟，和市場的攤販與消費者宣導到最後一刻，話題還停不下來。

當曼蘋率領車隊一路騎上了高屏大橋，回頭一望，長長的車隊整齊劃一前進著，她嘴角揚起了一絲笑意，那一刻，她覺得很有成就感。

車隊來到一處加油站，歐巴桑可以加油、休息和上廁所。曼蘋聽到有個歐巴桑嚷嚷著手麻、手痠，接二連三又有歐巴桑也說自己的手麻、肩膀痠，就像蟬鳴一般出現連鎖反應。筠勻在一旁幫一位肩頸痠痛的姊妹按摩舒緩，沒想到按完一個又一個，猶如街邊按摩快閃站。

休息片刻之後，大家整裝再出發，分別在屏東縣警局交通大隊以及六堆客家文化園區進行宣導活動，之後前往這一次的目的地「三地門」。

曼蘋在路上接到在三地門鄉公所服務的朋友來電，詢問車隊何時會經過。當車隊越過了隘寮溪，沿著台二十四線公路準備經過上坡的路段時，曼蘋的朋友和三地門派出所所長及幾位警員早已守候著大家，並維持周邊交通安全，讓車隊順利通過。

他們對於歐巴桑騎著機車從高雄來到三地門，心裡覺得佩服，更誇讚這一群女人家真是有勇氣、了不起。聽在介言老師耳裡，雖然了解他們是對歐巴桑們的鼓勵，另一方面也覺得這份鼓勵很有趣地呈現出女人在社會裡隱藏的性別框架。

一般人對於女人騎機車出遠門這件事，總覺得要很有勇氣才能夠達成，即便是女人自己都不見得有信心可以做到。女人是在這樣的背景下產生擔憂，因為成長環境教育她們不允許冒險，並不代表她們沒有能力突破。

車隊抵達三地門鄉公所，停好車，大家步行前往三地門原住民文化館。這次的三地門參訪，彩色頁邀請原住民家庭暨婦女服務中心的顧明芳，及蜻蜓雅築珠藝工作室創辦人施秀菊分享與交流自己的生命故事。

施秀菊為電影《海角七號》打造了琉璃串珠，得以讓排灣族古珠再現風華。她傳承排灣族琉璃珠文化，成立蜻蜓雅築，更進一步協助部落婦女習得一技之長、養家餬口，也串接了她對母親與先生的思念。

這次也有民間企業響應歐巴桑騎機車凸台灣的行動，所以曼蘋率領車隊從三地門返程的最後一站，來到高都豐田汽車鳳山營業所，企業響應反家庭暴力宣導，員工們更和歐巴桑一起合影。

這次的三地門機車行，曼蘋的規劃嚴謹，歐巴桑們被安全地保護著，雖然也有人覺得過程中少了一點趣味性，不過大家都很喜歡「參訪組織」和「與特別的女人對話」這些安排，可以聽到在不同女人身上發生的故事。

良種騎完機車隔天，全身痠痛，想起剛出發就迷路的心情，當下真的很緊張。因為她和車隊成員不太熟，每一位歐巴桑怕曬太陽，都把頭部、身體包緊緊，她根本認不出誰是誰，沒想到真的跟丟了！還好同組的姊妹特別來找她，讓她感受到被照顧的溫暖。

筠勻這一次突破心理障礙參加了機車行，害怕群體活動的她，在騎機車的過程中，感受到姊妹情誼的支持對一個女人來說是多麼重要。她心裡很有感觸：「每個人都有屬於自己的支持系統，遇到低潮、困難時，有人可以陪伴你度過。一般人的求救系統可以是爸媽、家人，但是我的媽媽、家人並沒有成為我的求救系統。」但她發現，這群女人給了她這樣的溫暖感覺。

君儀陪伴彩色頁一起完成兩次歐巴桑機車行的夢想行動，這一次更跨縣市來到屏東。她觀察到第一次、第二次參與機車行的姊妹，會分享自己的體驗，她覺得，每一位姊妹參與機車行的過程，其實是和別人交心，同時也向自己挑戰，使得每一次活動結束後，也許姊妹之間不常碰面，但因為共同參與過機車行，彼此會有一種精神和氛圍延續下去。這些經驗可以帶動往後機車行的規劃與運作，未來也會有人願意協助與承接這份任務。

曼蘋在交付了承辦三地門機車行的成績單之後，機車行對她的影響才開始發酵。

她的兒子在台南讀大學，她開始會騎機車到台南探望他。當她從台南返回高雄的路上，騎車經過黃金海岸，看著大海波光粼粼，很隨興地停下來，優閒地喝一杯咖啡，直到夕陽將大地染成一片金黃，她再騎上機車，往高雄前進。雖然回到家已經是晚上了，但她不覺得疲累，反而感到滿足。

還在屏東美和讀社工的她，以往都是搭校車前往，經過這次機車行之後，她也開始騎機車上課。每周六清晨七點多，高屏大橋下的芒草迎風搖曳，像是對著橋上趕路的過客說早安。

每當曼蘋騎機車經過高屏大橋，總會停留一下，那一段曾經帶著一群歐巴桑騎機車經過此地的回憶經常湧上心頭，如今再看這一片風景，她更能體會騎車乘風的自在。

第三章：二〇一三年　高雄—恆春

原來，我可以辦得到！

彩色頁在二〇一一年舉辦了兩次的機車行，然而接下來有新的任務，就是承接高雄市婦女館「女人空間」的打造與運作。

參加過兩次機車行的曉鸞，個性敦厚老實，也有一顆柔軟溫暖的心，介言老師覺得她是個有能力的女人，在姊妹中也有好人緣，樂於互助。於是，曉鸞擔負了彩色頁交辦給她的培力工作，其中包括了二〇一三年恆春機車行的規劃。

提起曉鸞來到彩色頁的原因，起於一份感恩的善念。她受恩於一位友人，想寫一張卡片感謝對方，卻又覺得自己的字跡不夠好看，於是想學電腦打字，看到彩色頁電腦班的招生訊息，就來報名上課。

那時候的她，經歷人生的低谷，仰賴堅定的信仰過生活。她也參加介言老師開設的「女人生命故事圈」課程，重新整理自己的生命歷程。她說，她只想活到五十歲，原因是兒子要求媽媽一定要看著他們都考上大學，才可以離開。

曉鸞上介言老師的課那年四十八歲，她在課堂裡，從不怎麼美好的回憶中，慢慢列出一點點美好的小確幸。經過一堂又一堂的課程，曉鸞似乎覺得，日子好像沒想像中那麼難過，漸漸地，她想要延續那些單純的美好，沒想到一步一步計劃下去，好像活到八十歲都不夠，於是她開始展列一些想望。

對曉鸞來說，騎機車並不是問題，她對於三地門機車行那次的活動很有印象；看著每個人的個性不同，騎機車的速度也不一樣，她心想，在團體活動，如何讓每個單獨的個體可以彼此配合，這件事要做起來並不容易。

曉鸞形容，介言老師對她來說是權威的形象，面對組織交辦的任務，她的第一選項是服從而非推辭。這樣的個性，她認為跟爸爸是職業軍人有關。

她回想起小時候，只要服從爸爸的命令不反抗，日子就可以過得安穩。面對介言老師交辦給她的工作，她自然而然當做使命，完成它也算是自我肯定。

為了讓曉鸞可以更熟悉彩色頁的工作事務，宜芳鼓勵她可以報名屏東美和科技大學進修社工系。只是她要照顧孩子、侍奉公婆，還要服侍上帝，已經忙得不可開交，如果考上美和科技大學，又要從高雄到屏東上課，她不想把日子過得這麼忙。

不過宜芳十分積極熱情，不僅幫忙協助準備報考的資料，還說要開車接送她上下學，讓她盛情難卻，卻也感受到溫暖。

曉鸞從歐巴桑機車行的參與者，成為承辦者，她沒有像曼蘋擁有豐富的活動策劃經驗，對她而言是全新的學習。介言老師告訴她，先去看曼蘋執行過的三地門機車行計畫書，就照她的方法進行吧！

她知道曼蘋規劃三地門機車行路線時，一共走了四遍，她也跟隨曼蘋的做法，決定先騎機車勘察路線再說。

有了前兩次的機車行參與經驗，曉鸞知道歐巴桑找不到路時有多慌張。為了避免大家在任何一個路口、轉彎處走錯路，她也和曼蘋一樣，騎到每一個路口、每一個岔路，就拍下照片做記錄。

曉鸞也擔心路上機車有狀況該怎麼辦，她沿路把修車行的地址記錄下來，一家一家去問老闆，能不能在恆春機車行期間提供我們車隊緊急協助。

當她經過省道匯流車多的路段時，心想這裡要是沒有交通警察的協助，大家騎到這裡一定會不知所措，於是到了鄰近的派出所，請求活動當天能有交通警察支援，而那時候她才學到，原來向警察申請支援交管是要跑公文的。

高雄到恆春，單趟就超過一百公里，曉鸞不可能場勘一次就把路線規劃搞定。她向介言老師報告工作進度時，介言老師才知道她竟然一個人跑去場勘，大發雷霆，擔心她在路上出狀況時沒有人可以協助她，於是不准她一個人行動，如果要去場勘，一定要找人同行；當時彩色頁的理事榮富自願陪同一起去。

以前一個人行動，曉鸞都是全神貫注，照著進度按表操課做完；現在有彩色頁裡「唯二」的男性會員榮富騎車陪同，她心情比較放鬆了，反而騎著車不自覺地打起瞌睡來。

榮富騎著機車，突然問曉鸞接下來的行程要到哪？因為再往前走，前面要下大雨了。「你怎麼知道等一下會下雨？」曉鸞好奇發問，雖然看著遠方路的盡頭是一片烏雲，但是很好奇榮富為何這麼肯定。

榮富告訴她，年輕的時候他在海軍服役，早就訓練如何在海上觀察氣候。榮富一邊教曉鸞怎麼看雲層，一邊找避雨的地方。路的盡頭，迷濛的街景離他們愈來愈近，雨滴墜下的頻率，讓他們驚覺不妙，啪的一聲，大雨落下！

這場大雨，及時提醒了曉鸞在規劃行程時要納入雨天備案。除了每個成員都必須帶雨衣，雨天車速放慢，行程肯定會有所耽誤，躲雨的地點也得安排。這些規劃都可以在未來每次的機車行中傳承下去。

無論何時走進彩色頁的辦公室，桌上肯定有零嘴可以吃，而且，大家有不一樣的生活背景，常常可以看到婆婆媽媽各自分享的私房料理。彩色頁的桌上風景，就像是社會的縮影。

鳳娥手上拿著老公在家做的手工燒餅進來，放在桌上，吆喝著大家趕緊過來分一分。她和先生國澄都在眷村長大，他們自己做的麵點，大家都喊讚。

她轉身走向曉鸞的位置，說：「曉鸞，這個燒餅給妳。妳做那麼多事，還把工作帶回家做，時間到了要記得吃飯知道嗎？」

鳳娥有一雙黑溜溜的大眼珠，偶爾說起話來手舞足蹈。她現在可以這麼自然地和大家一起笑鬧，可是剛來到彩色頁時，完全不是這樣。

她五歲時沒了媽媽，爸爸是職業軍人，經常不在家，所以她從小是在國軍育幼院長大，常被鄰居嘲笑是孤兒。

她嫁給國澄時，兩人都很年輕，也有了孩子，國澄因為船務工作常常不在家，家務事全都要由鳳娥一個人扛，她帶小孩，又要幫先生照顧弟妹，和她同年紀的女生都還在享受青春年華，她卻飽受鄰居的閒言閒語。漸漸地，她害怕與人交心。

她和彩色頁理事長本娜都來自眷村，本娜介紹她來彩色頁上成長課；她在班上特立獨行，每個人上課時都乖乖坐在和式椅上，她偏偏要把雙腳跨在椅背，躺在地上，要不就是趴在地上雙手托腮，學員心中都覺得她沒坐相、不禮貌。

但是介言老師上課時並沒有禁止她的行為，反而跟班上學員說：「別看鳳娥這樣搞怪，我知道她耳朵有豎起來聽我們講話喔！」還跟鳳娥說「妳自在就好」。

老師的態度讓鳳娥覺得很不一樣，感受到少有的包容和接納，往後只要是這位老師開課，鳳娥都報名。

在彩色頁裡，大家一起上成長課，分享自己的生命歷程，慢慢了解發生在姊妹身上的生命故事，漸漸互相理解，惺惺相惜。曉鸞雖然和鳳娥有不同的生命背景，呈現各自不同的樣貌，但是她們懂得理解彼此的內心想法，也有相同的信仰，更疼惜彼此。

曉鸞收下鳳娥送上的燒餅，順口問了她：「鳳娥，要不要來參加機車行？」

鳳娥回她：「我告訴妳，我要是參加的話，妳帶頭給我騎快一點，衝出去！不然就把我排第一個，我要是騎在後面肯定會騎到睡著。」

曉鸞當然不會聽鳳娥話照做。在前兩次的機車行，她老早就發現每個人騎車習慣和速度都不一樣，有些人不看後照鏡，轉彎也不會打方向燈，簡直是一個沒有章法的騎車習性。

曉鸞希望車隊能按照順序前進，不可以任意超車；每個人要養成看後照鏡的習慣，注意後車有沒有跟上或是跟丟了；騎車時如果臨時有事要停下來，要按喇叭通知前車。所以，在舉辦機車行行前會議時，趁著大家都聚在一起，一起討論行車準則，並設計行車暗號與手勢，讓大家在行進間便於溝通。

由於前兩次的機車行，受到高雄市社會局以及媒體報導的關注，曉鸞這次承辦恆春機車行，公家單位也投入資源協助。雖然她嘴上不說，但是心裡的壓力很大，這已經不是帶幾個認識的婆婆媽媽出去騎車的行程那麼單純。

為了恆春機車行，她場勘了六次；她從來沒寫過計畫書，被介言老師退回修改了好幾次，連宜芳都出手幫忙才完成；她也依照曼蘋之前的做法，製作一人一本行車手冊，哪個路口要轉彎，寫得詳詳細細，好多位歐巴桑都覺得這根本就是寶典。

曉鸞的個性逆來順受，她把這份任務當做是自我訓練與成長；她求好心切，努力做好行前準備，只想著讓姊妹們能夠享受這一趟她精心安排的旅程。

【女人夢想行動實踐】歐巴桑騎機車凸台灣之三

追風築夢之旅．恆春傳愛行動——紫絲帶．攜手反暴力

時間：二〇一三年十月二十六日至二十七日

路線：高雄到屏東恆春

里程：二二〇公里

車隊：十六台車
前導車：曉鸞
第一組：素芝（組長）、春惠、宇綺、秋華、介言
第二組：筠匀（組長）、淑慧、錦緣、安荻、碧修與江泉
第三組：雪紅（組長）、麗珠、東玉、鳳娥與國澄
押車：又乃
後勤保母車：宜芳、本娜、敏莉、星學、秋美、曾宇

十月二十六日（六）

高雄市婦女館─九如路─澄清路─國泰路─南京路─五甲一路─五甲二路─南華一路─過埤路─萬大橋─屏東萬丹萬順路─連成路（一八九縣道）─山隆加油站─府洋北街─榮祥路─民治路─民治橋（一八七縣道）─介壽路─光復路─台一線─中山路─枋寮火車站F3藝術村─阿達

海產（午餐）—中興路—中山路—加祿加油站—屏鵝公路—三個傻瓜海邊咖啡—屏鵝公路—車城新興路（一九九縣道）—清泉溫泉旅館（晚餐）

十月二十七日（日）

清泉溫泉旅館—車城福安宮—恆春瓊麻園城鄉文教發展協會—水底寮香堤綠園（午餐）—高雄市婦女館

參訪組織：屏東縣恆春瓊麻園城鄉文教發展協會

與特殊的女人對話：屏南社區大學主任黃蘭欽

十月二十六日，曉鸞好幾個月的辛苦，就在今天驗收成果。一早在高雄市婦女館前，高雄市社會局局長張乃千、家暴防治中心主任葉玉如都到場，像前兩次一樣，來採訪的報社媒體也不少。

行前記者會順利結束，曉鸞才率隊出發不久，就接到有一家媒體記者錯過我們的出發儀式記者會，要求補採訪，「這下子該怎麼辦？」曉鸞有點慌了。

有人勸她最好回頭找到記者，有人要她繼續帶隊往前。究竟該怎麼解決？曉鸞陷入天人交戰。最後，她決定回頭去找記者，隊友們在不清楚狀況的情形下被搞得團團轉，這讓工作團隊很傻眼，不知道是什麼理由讓她做出這樣的選擇，她完全忽略了此時此刻她的角色是歐巴桑機車行的領隊。

這一場亂流打擊到曉鸞，大家看著她很努力打起精神，因為行程才剛開始而已！

十月的恆春，正是吹起落山風的季節。平常要帶這一群歐巴桑已經很累人了，現在她們要經歷在狂風中向前行，連曉鸞在勘察路線時都不曾遇過這麼大的風勢。車子騎著騎著，就像長出翅膀飛了起來，大家雙手握緊龍頭，臉上掛著驚恐仍然勇往直前。

與前一站在三個傻瓜喝下午茶、拍照打卡、賞海景、演行動劇相較，這是截然不同的場景。

車隊經歷在風中搖擺，騎行四十三公里之後，曉鸞給大家最貼心的回報是入住四重溪的溫泉旅館。

白天經歷日曬、宣導，還有落山風的驚魂，大家在旅館裡吃著晚餐、泡了溫泉，享受著曉鸞的規劃與安排。

大家洗去一身的疲累、滿足地就寢之後，這一晚，曉鸞卻是累到無法入睡。

她一整天繃緊神經，盡量不去想被人挑剔的細節，回到旅館房間裡，瘦小的身子早已經體力耗盡。幸好有素芝在房間裡陪著她，同寢的又乃幫她舒緩筋骨，她才得以放鬆，小睡片刻。

彩色頁裡有一群喜歡表演的歐巴桑，她們參加彩蝶劇團的訓練，發揮興趣。宜芳不但是彩色頁工作團隊的召集人，還身兼彩蝶劇團的團長，她的大刺刺性格以及豐富的肢體語言，帶動大家的表演慾。這次行程和家暴防治中心合作，大家用行動劇的方式宣導，其中一站就在車城福安宮。

屏東車城福安宮號稱全台最大土地公廟，很多遊客會特地來到這裡求財補財庫，彩色頁要在土地公廟前進行人身安全與反暴力的公益宣導，這次安排行動劇的方式，由彩蝶劇團演出。

在福安宮的廟前廣場旁，有一處戲台，如果要上台表演，得事先向廟方申請，核准後才可以登台表演。宜芳覺得這個戲台很適合進行公益宣導，臨時與廟方人員溝通，能否讓大家登台。

廟方人員得知我們這一群歐巴桑是騎著機車來到這裡，引起了他們的興趣。在恆春當地，他們很少看到有一群中年婦女會一起參與這樣的公益活動，十分好奇我們這群女人要幹嘛，於是破例讓我們登台演出。

在廟前的野台上，劇團成員演著家暴的故事進行宣導，台上的演出愈來愈熱鬧，台下也開始慢慢聚集群眾。演員紛紛吆喝著機車行的歐巴桑一起上台同樂，只見這些原本只在家裡拿著鍋碗瓢盆的家庭主婦，一上台彷彿轉變成另一個身分，隨著音樂開始即興演出。

台下觀眾看著歐巴桑在台上的表演，拍手鼓掌了起來，笑著說這一場野台戲還真不錯。戲台上的姊妹們很受鼓勵，發現自己原來可以拋頭露面去做這件事，對自己第一次的宣導表演很有成就感。

結束福安宮的行程，車隊抵達恆春，在介言老師的安排下，大家與恆春瓊麻園城鄉文教發展協會有一場婦女分享會。

結束分享會後，在回程前進枋寮時，介言老師騎的小五十機車突然冒出白煙，而碧修騎著身障機車，沒發現後輪消風，還是由別人提醒她。

這時候，曉鸞製作的行車手冊正好派上用場，找到了離他們最近的修車行處理。

修車行老闆一看到我們這一群歐巴桑車隊浩浩蕩蕩前來，車身還有「中年女性——機車．凸台灣」的標示，對大家十分感興趣，不斷詢問我們是什麼組織、從哪裡來。姊妹們趁這個機會對老闆進行反暴力的宣導，老闆也很樂意配合大家的要求，簽名支持反暴力行動聯署，並和這群歐巴桑舉牌合影呼口號，老闆還特別即興演出，呼喊：「我尊重中年女性，我尊重我老婆。」逗得在場的婆婆媽媽笑成一團。

隨後，曉鸞帶著車隊來到枋寮吃午餐，兩天一夜的行程來到最後一站。大家用完餐後，就在香堤綠園這家餐廳進行分享會，分享心中對這趟行程的種種感受，這也成了往後行程設計的其中一環。

這是碧修第一次參加機車行。她在小學時罹患骨癌，失去了右腳，剝奪了她下課時和同學在操場奔跑、踢球的基本日常。一直到她婚後，向同為身障的朋友借機車試騎、考到駕照，才讓她能夠突破身體的限制，自由行動。

碧修報名參加機車行時，她的先生江泉還大力反對，然而，她對於自己想做的事情，一定會排除困難去完成。大家出發前很希望碧修可以說服江泉一起參與，至少先生會比較了解怎麼照顧她。

江泉最終還是不放心讓她一個人騎車，於是兩人共騎一部碧修的身障機車，完成了這趟行程。碧修很開心地說：「我的機車行從這次開始了，希望未來可以挑戰環島成功！」

麗珠會參加這次的機車行，是因為小時候的夢想，希望有一天可以騎著腳踏車旅行，她說：「小時候爸爸管得嚴，怕我騎腳踏車跌倒受傷，不讓我學。我一直到結婚後才學會騎機車。這次騎到這麼遠，我真的連想都不敢想，可是我還是完成了！」

安荻笑說，這一趟機車行，她獻出了好多第一次，「我們在這次的機車行一起尋夢，難忘的是，我圓了想要到四重溪泡溫泉的夢，而且還是第一次吃到香茅火鍋，還有南瓜牛奶鍋。」

這是雪紅第三次參與機車行，她說前兩次參加時，都很擔心自己的身體狀況，在路上會頭暈，因此會把藥帶著，這次也不例外。她說第一天騎車時，還擔心一下自己的身體，然而現在都快回到家了，她帶的藥都沒派上用場，她很高興自己突破內心的障礙，終於不必吃藥就完成了行程。

秋華在這次行程中最大的突破是顛覆以往的形象，因為大家在車城福安宮進行宣導時，她跟著一群歐巴桑在舞台上大扭大叫，和大家跳著〈金罵沒ㄤ〉，她說，這是她一生最難忘的經歷。

淑惠也獻出第一次的表演機會，還說這次參加機車行，多虧老公送對了生日禮物。她在七月時收到一部全新的機車，而她剛好報名了這趟機車行。她感受到這趟過程備受呵護，以前她覺得自己沒有那個價值，不值得擁有這些愛，都要靠自己的努力愛自己，這次機車行讓她能夠完全放鬆地做自己。

大家幾乎一致對於曉鸞的安排感到滿意。錦緣形容這趟行程有如貴婦般的享受，有得吃、有得睡、有得住，最重要的是不會走錯路，她十分感謝曉鸞！

她說自己沒有騎過這麼遠的路，一路上神經緊繃，脖子十分不舒服，雪紅很熱心地幫她推拿舒緩。對於機車環島，是她婚後和先生的夢想，這次參加機車行，先生非常羨慕她。在這趟行程中，她覺得最不可思議的是有一段路由警員當前導，她形容，這簡直就是總統級的待遇！

這是筠勻第二次參加機車行，她和姊妹們分享說：「以前當我聽到別人說『我走過的橋比你走過的路還多』的時候，我其實無法理解，哪裡有那麼多橋可以走，但這次機車行我就發現，真的有那麼多橋！」話還沒說完，大家都露出會心一笑。

她繼續說：「但是我每過一座橋，就好像跨過了一個界線；我發現我們每次經過一座橋，就看見不同的風景，我好像也看見不同的自己。我很感謝自己這次報名參加，也很感謝大家能夠一起圓夢，因為單憑我一個人，絕對辦不到！」

前一晚幫曉鸞舒緩肩頸的又乃，因為買了一部重型機車，經常一個人騎車到處玩，曉鸞特別請她協助，在這次車隊擔任押車的工作。她當初想像，和一群女人騎機車出去感覺會很累，幸好，曉鸞安排的行程把大家都照顧得很好，先前的擔憂，其實都是庸人自擾。

以往她騎機車出遊都是當天來回，畢竟身為女人，她根本想都沒想過一個人在外面住旅館過夜。有一天她從報紙上看到彩色頁招募機車行的歐巴桑，便決定報名參加，她也因為這一次和姊妹們一起騎車，以往沒有勇氣一個人到四重溪泡湯，這次終於達成願望，還在旅程中獲得很多姊妹的關心，帶給她勇氣，是意料之外的收穫。

陪著老婆大人鳳娥一起騎車的國澄，感受到這一群姊妹凝聚的情感，他說：「我在過程中，看見大家互相扶持、勇敢前進的力量；這股力量一直在每個女人心中，像是照顧好家庭，讓男人在外沒有後顧之憂。我見證了這一切，心中找不出理由不愛妳們、不疼惜她、包容她，更沒有理由不支持各位！」

國澄的感性發言不但獲得滿堂彩，言語道出的感謝還偷渡對老婆示愛，大家都被這顆超級閃光彈閃瞎了，不斷起鬨要他們「親一下」。

鳳娥則是心疼曉鸞，小小的身軀扛起這麼大的擔子，她說：「很謝謝曉鸞，我也曾經做過前導，要探路找地點、找廁所，真的很辛苦！這次的行程，我發現我變年輕了，因為我的抱怨就跟年輕人一樣，車隊的龜速實在和我的速度差太多了！我最興奮的時刻就是在等紅綠燈，前面車隊跑得老遠，等紅燈一轉綠，我就可以飆車了！追到車隊的時候感覺超爽！」

而她話鋒一轉，看了一眼介言老師，虧她說：「我看著介言老師，心裡覺得怎麼會騎這麼慢，妳騎的驢子怎麼那麼小，是不是要換大一點的馬呀！」

大家笑得人仰馬翻，不過介言老師也不甘示弱說：「我要平反鳳娥講的，我有觀察我們騎車時速在四十到六十公里，而且我沒有脫隊，也沒有騎很慢。」

身為機車行召集人的她一路參與了幾次的機車行，她心有所感地說：「這次我自己騎的經驗，發覺比我想像中還要輕鬆。活動辦得成功，真的要謝謝曉鸞，她實地勘察了六次，別人都問我去哪裡找這麼好的工作人員！我知道，曉鸞是用生命在愛彩色頁。」

輪到秋美分享這一趟的感想，她心中百感交集，因為她這次沒有騎機車，而是搭保母車參與。她哽咽地說：「這次我搭保母車當『備胎』，沒有和大家一起騎車，因為當我跟孩子說要參加時，他們告訴我說不行，我不能去……因為我先生不久前才騎機車出車禍過世……，但是，我還是很想來……」

其實在行前會議時，大家就知道秋美的先生意外過世，一方面擔心她的心情受影響，一方面她一直不希望錯過這次的行程，因此大家開會決議，讓她可以搭保母車，不用騎機車也可以參與我們的行程。

秋美擦著眼淚，啜泣得說不出話來，很多姊妹都忍不住紅了眼眶，鼓勵她：「秋美，妳很棒！我們幫妳圓夢，一路上我們都很平安，就要回去了。」

秋美繼續說：「我跟孩子說，我沒問題的，因為每個姊妹都很棒，我們都慢慢地騎，絕對沒有這些問題……。為了我的夢想，我一定要來。因為每年我的生日，先生都會陪我來墾丁慶祝，雖然他現在不在了，可是今年我有妳們，所以我要和大家一起來，因為我真的很喜歡跟大家在一起的感覺，我們的人生是很精采的！」

秋美邊說邊掉淚，她的心情，剛接任彩色頁理事長的本娜感同身受。

聽本娜開口說話，讓人心裡會有溫暖的感覺。原本她主要是負責彩色頁專線督導工作，協助婦女處理情緒、面對生活上發生的問題。

她和先生一直有一個夢想要一起完成。但二〇一三年，她接下彩色頁理事長的任務，當時協會又承接了高雄市婦女館女人空間的管理運作，她因此忙得分身乏術，而先生剛好決定前往大陸開創事業，提前布局他們未來的夢想。

眼看他們夫妻的夢想正要逐步實現，她不希望自己接下理事長的工作卻沒盡到本分，又希望到大陸和先生一起為夢想打拚。工作團隊知道本娜心中的為難，大家十分支持她能和先生一起圓夢，因此，應許她和先生前往大陸；女人空間則有介言老師和宜芳打理大小事，曉鸞負責機車行與協助女人空間的籌備運作。

只是，她和先生的夢想，隨著先生的突然離世而破滅了，本娜心裡只能無奈地想：「這下老公果真成全了我，讓我好好回到台灣幫忙需要協助的姊妹。」

她當時要在有限的時間裡處理老公的身後事，根本沒有時間悲傷。那時候她才發現，這些年她在彩色頁所學的東西，讓她有能力去應付這個突發狀況。

本娜在機車行中擔任的是後勤的角色，看著曉鸞蠟燭兩頭燒也很心疼。而她自己強忍失去摯愛的傷痛，依舊打起精神，做姊妹們堅強的後盾，所以看到秋美這麼勇敢，她自己也跟著哭了。

這趟恆春機車行，曉鸞雖然獲得許多姊妹的支持與感謝，然而不盡完美的缺憾，她一直耿耿於懷。扛著策劃機車行的龐大壓力，再加上協助女人空間開幕的工作，曉鸞的身體挺不住，累垮了。在工作上，她面對挑戰，努力突破自己；回到自己的人生，她要面對不盡完美的婚姻，還有讓她放心不下的孩子。有一天回到家裡，她發現自己居然沒有辦法像往常一樣，從一樓走到四樓；她雙腿無力、心悸，甚至喘不過氣來，才驚覺自己身體出了狀況。

她想了好幾天，覺得自己的身體需要休息，於是向彩色頁表達辭意。雖然辭去了工作，她仍和彩色頁的姊妹們保持聯繫。

素芝和又乃在參加完機車行後，仍常常和曉鸞聯繫，關心她的身體狀況。曉鸞說，她開始健走，爬柴山，訓練自己的心肺功能。又乃聽她這麼說，建議她可以騎單車，還很熱心幫她規劃單車初學者訓練課表，每天來回騎五十公里。

曉鸞很有興趣地按照又乃的課表訓練，一開始根本無法騎完五十公里，經過日復一日的訓練，養成習慣後，她已經可以騎單車上山，獨自完成月世界騎行。

有一天，曉鸞跟又乃聊到，參加完機車行後，距離機車環島的夢想好像還很遠。

「我們可以一起去呀！」於是又乃和曉鸞便計劃她們的機車環島行。

曉鸞在機車行之後和素芝成為好姊妹，也知道她年輕的時候參加過自行車環島，便邀她一起參加，素芝很興奮地答應。曉鸞另外又邀了曾經一起參加夢想行動課程的姊妹久玲，打算湊齊四個人一起行動。久玲接到邀約，雖然很想參加，但是因為腰部有舊疾，她遲疑了許久，怕自己無法完成環島。

「我跟妳說，心動不如馬上行動，妳現在如果沒做，很可能以後老了想做也做不成！」曉鸞鼓勵她，也成功說服了她參加。

在出發前夕，天公不作美，颱風似乎朝著台灣前進，南台灣恐怕會出現大風雨。出發前，曉鸞和其他三人開會討論，究竟該不該取消行程？不過，每個人都抱著興高采烈的心情，實在不想被颱風掃興，於是她們決定衝了！

曉鸞為了這一趟環島之旅，擔心自己的舊機車可能無法負荷長途旅行，她特別向雪紅借新車。當大家一路騎到最南端龍磐公園時，颱風外圍環流的風勢太強勁，硬生生把曉鸞吹倒在地，刮花了雪紅的新機車。風雨沒有擊潰大家想完成環島的信念，團隊的凝聚力才是關鍵。

第一晚住在台東，大家就因為路線的順序和行程的延誤而大吵一架！隔天又乃騎車揚長而去，留下曉鸞三人接續下面的行程。

這下子最有經驗的人脫隊了，曉鸞不知所措，面對留下來的兩個人，她不知道該怎麼辦！於是她想起了之前上介言老師的課學習帶領團隊的方法，面對問題時要坐下來溝通，於是三個人圍成一圈，把想法說出來，大家盡釋前嫌，再一起前往下一個行程。

由於花蓮是曉鸞的故鄉，她帶路不擔心會迷路，大家邊騎邊逛，最後住在曉鸞花蓮老家。

曉鸞一路上沒有忘記又乃，不斷聯絡她歸隊。於是大家在花蓮會合之後，四個女人又一起北上繼續行程。

板橋是素芝的娘家，原本素芝覺得自己可以帶路，沒想到她離家好幾年，板橋的都市發展快速到很多條路都變了，和她記憶中的不一樣。她趕緊打電話給爸爸，請他騎機車過來帶路。

素芝的爸爸知道女兒帶著一群飆風女騎士前來，十分興奮，他說自己年輕時騎車環島過，女兒也遺傳了這一份熱血。素芝爸爸好心騎機車帶路，引導她們走出新北市，南下繼續環島的行程。

四個人一路騎到台中，曉鸞的兒子在這裡讀大學，兒子在校外租房子，剛好可以讓她們住一晚。走了這麼多天的行程，卻在這一晚又為了生活起居起了爭執，心中又產生了嫌隙。

隔天，大家出發騎到嘉義布袋用餐時，曉鸞想起了彩色頁機車行在每次行程最後，大家會分享一路以來的心情，於是提議大家聊一聊這一趟環島之旅的感想。本該是一場溫馨的感謝，卻成為一場抱怨大會。接下來的行程，又乃說有急事，不能繼續和大家同行，機車油門一催，揚長而去，留下錯愕的三人。

從嘉義布袋到高雄的最後一段路程，沒了又乃同行，曉鸞再次擔負起母雞帶小雞的責任，只不過，這次大家身處的地方，不是她熟悉的故鄉。

曉鸞臨時規劃大家騎車的路線，素芝則幫忙分工，沿路找餐廳、小吃，久玲就聽她們的計畫，跟隨她們的腳步前進。

曉鸞背負著姊妹對她的信任，雖然路上不小心騎到了西濱快速道路，大家都嚇了一跳，但她仍然在晚上八、九點時，把姊妹順利帶回到熟悉的高雄。

「原來，沒有又乃，我其實有能力可以帶著大家回家。」這一刻，曉鸞發現，當她這一路走來還肩負姊妹的期待時，即便身陷困境，她相信自己還是可以做得到。

第四章：二〇一四年　高雄—台東

排除問題學習承擔

曉鸞因為個人因素，半年前就表達要離開彩色頁，打算回到花蓮的娘家。只是，彩色頁才剛接下高雄市婦女館「女人空間」的管理，需要志工投入，幸好祈溱五月來報到，接下來她得分擔許多內部工作。

祈溱留著一頭長髮，骨架纖細，一臉青澀模樣。她才三十歲出頭，這裡的歐巴桑都可以當她的媽媽了！大家都很好奇她怎麼會來到彩色頁當社工，她笑說：「就為愛走天涯呀！」

祈溱老家住基隆，另一半是高雄人，她們在澳洲打工遊學一年後回台。為了不想讓這段感情演變成為遠距戀，她得想個理由說服媽媽，讓她搬到南台灣，於是報名文化大學推廣教育班在高雄開設的社工課程。媽媽找不出理由反對，心裡難免埋怨女兒，是不是故意要離媽媽那麼遠。

恆春機車行結束後，曉鸞離開了彩色頁，工作團隊則決定，二〇一四年的機車行要繞過南台灣，來到台東，行程並從兩天一夜延長到四天三夜。大家都在想，台東機車行這次要由誰承辦？祈溱念了社工一學期，正好在這時候來這裡工作兼實習，會不會是她？但是她那麼年輕，有沒有辦法搞定這裡的歐巴桑？

聽到自己可能要接手機車行規劃，祈溱壓根覺得不可能！她說：「我才進來彩色頁一個月，都還搞不清楚這邊的組織架構，連工作內容是什麼都不清不楚，更何況我從來沒有旅遊規劃的經驗，她們心臟哪有這麼大顆，敢把這樣的重責大任交給我？不可能啦！」

過了幾天，彩色頁工作團隊會議中，祈溱接到了十月要帶歐巴桑騎機車到台東的任務，她一臉錯愕、千頭萬緒，心中不斷出現抗拒的聲音：我不要接這份工作！

但是，她需要實習學分，她需要收入，她和另一半在高雄的生活才剛開始而已。「我好像沒有別的選擇，看來只好硬著頭皮幹了！」祈溱心裡知道她非做不可。

對於長年都在北部生活的祈溱來說，要對南台灣熟悉不是一件容易的事。而祈溱真正搬到高雄生活也不過一年時間，市區路況她都不見得熟悉了，還要規劃高雄騎到台東的路線，真的是一項不容易的工作。

在彩色頁辦公室裡，之前參加過機車行的歐巴桑聊到去年的行程多麼舒適，曉鸞規劃得很仔細，還做了一份行車手冊。她們對祈溱說：「妳要不要去參考一下曉鸞留下的資料，搞不好會有想法。」

祈溱打開電腦裡的檔案，找出曉鸞上次承辦的恆春機車行資料夾。不看則已，一看傻眼，檔案裡的資料很詳細，她光是聽到曉鸞規劃高雄到恆春的路線就勘察了六次，驚訝到懷疑人生。

「我是要規劃高雄到台東的路線，怎麼可能場勘六次？」祈溱的心情變得更沉重了。

曉鸞的計畫書中，記錄整個路程停留的廁所、加油站地點，甚至還標註幾點幾分到加油站、幾點幾分到廁所，休息點的廁所數量全都寫得清清楚楚，而這些只是兩天一夜的恆春機車行規劃而已，祈溱這一次要負責的是四天三夜的台東機車行。

「天啊！我真的要做到這樣嗎？」她默默在心中吶喊。

她看著曉鸞規劃的路線，標示著「一八八縣道」、「台一線」、「台二十六線」……，這些數字搞得她一頭霧水，特地上網去查、去問朋友，才摸索出省道、縣道，慢慢地用自己的做法規劃台東機車行路線。

七月三十日，台東機車行舉辦第一次行前會議，參與過恆春機車行的學姊們分享自己的經驗，幾乎難忘曉鸞在規劃上的細心，甚至心疼她在規劃時承受的壓力。這些話聽在祈溱耳裡，她愈來愈懷疑自己有沒有能力把事情做好。

這次的會議決定了報名參加台東機車行的成員分組，大家討論出由有參加過多次經驗的碧修、秋美和素芝分別擔任各組組長，負責車隊在行進時照顧組員的任務。

被分在秋美這組的承英，大家都暱稱她為英英胡，她是彩色頁電腦班培力出來的學員，學習力很強，喜歡拍照傳給姊妹，介言老師因此在組織的一些活動中，賦予她擔任攝影師拍照的任務；起初她還一直推辭說「沒法度」，但介言老師瞧著她，肯定地說：「妳一定可以的，我相信妳。」而且常在各個場合當眾介紹她是彩色頁的「專屬攝影師」，承英就因為這一個相信，讓她認真投入投入3C的運用學習和演練；如今，她不僅會拍照、上傳臉書和LINE，還很會剪輯影片、寫文案，對手機、電腦這類科技產品的運用非常熟練，成為歐巴桑們崇拜的對象。

承英把自己這組的組員智惠、惠華、淑卿和組長秋美拉進聊天群組中。由於她們開了先例，這次團隊也決定，各組比照辦理開設分組群組，日後大家要協調分工時更方便聯繫。

在行前會議中，輪到祈溱說明台東行的路線規劃方向，結果大家的意見還真是豐富！

「騎這條路不會繞太遠嗎？」

「我記得那條路比較好騎。」

「這山路很危險，一定要選這條路嗎？」

「我記得路上砂石車很多耶，這路線怎麼會這樣規劃？」

這場說明會，就像祈溱的隨堂測驗。她說：「因為我對南部的路不熟，所以我是用Google 地圖規劃路線。」姊妹們聽到她居然只用Google地圖就規劃行程，驚訝得不得了，大家都不曾想過原來可以這樣規劃路線。聽了她的說明，才了解她對北部以外的地區都很陌生，也理解她的苦衷與為難，於是在會中大家都提出各自的經驗來修改路程規劃。

由於以往曉鸞或是曼蘋都有實地去場勘，祈溱心想，她真的沒辦法做到像曉鸞一樣規劃得鉅細靡遺，「如果台東行我也要場勘六次的話，根本不必做其他的事了。」

祈溱這次沒場勘就規劃路線，也讓大家意識到未來在規劃機車環島這件事上，承辦人不可能每一次都把細節照顧到，就像祈溱運用年輕人的方法，以Google地圖規劃路線，也許與實際狀況有落差，但也正好可以在大家來開會時提出討論，一起協力修正。

只是路線不管怎麼走，除非從台灣最南端騎到台東，不然肯定要翻山越嶺。這群歐巴桑平常只不過騎車去買菜、接小孩上下學，要她們騎山路，大部分的人都沒有經驗，光是想像就覺得危險。

由於往台東路上的砂石車不少，大家對砂石車的印象就是開得又快又不讓車，心中多少都有點惶惶不安。於是經過討論後，大家覺得出發前應該要辦一場行前試騎活動，一方面讓歐巴桑有機會了解路況，一方面也要求大家的車速要在時速五十公里以上。

承英開完會後，原本期待出遊的心情有了疑慮與擔憂，不知道別人是不是也和她一樣，覺得騎車到台東不太安全？

於是她在群組裡發問：「我感覺台東行的路上好像有點危險，這行程要是這麼恐怖，大家會不會擔憂？還會想去嗎？」

承英丟出了訊息，而惠華則在群組裡回覆：「不會啊！我以前去過台東，那條路我走過，沒問題啦！」原本想打退堂鼓的承英看到惠華的回覆，也打消了退出的念頭。她發現，群組裡雖然都是不太熟悉的歐巴桑，但這樣一個簡單的訊息回覆，卻讓她感受到一陣安心。

祈溱經過了第一次行前會議的「隨堂測驗」後，還有更傷透腦筋的難題等著她，那就是預算規劃。

她又看了之前承辦人留下的計畫書，每一天的餐費、住宿費、參訪地點的門票……，這些林林總總的費用計算完之後，還要均攤在每個成員負擔的費用，一切都要計算得很精準，因為彩色頁不是營利單位；而且還有錙銖必較的「大掌櫃」宜芳，逼得她在預算規劃上必須嚴謹。

為此，介言老師還特地為祈溱惡補，告訴她表格怎麼做、費用項目該如何規劃。祈溱把預算規劃送到宜芳手上，結果還是不斷被打槍。

就像祈溱一開始說的，介言老師怎麼敢把這麼重要的任務交給一個完全沒有經驗，而且還是外地來的年輕人？究竟是為什麼？她始終存疑著。

介言老師說：「在這一群歐巴桑中，有的參加過美濃行、三地門還有恆春機車行，像秋美就是全勤。其實彩色頁累積過三次的經驗，承辦人都規劃得十分仔細，既然這裡那麼多人都已經有參與過的經驗，大家應該也要學習分擔承辦人的壓力，這樣，承辦人也不用扛那麼多工作和責任，我們也可以用團隊的方式來操作。讓大家在開會時提出問題，想出方法來處理，並學習承擔。」她這樣鼓勵祈溱。

八月二十九日，離開彩色頁四個月的曉鸞出現在台東機車行第二次行前會議中。原來第一次會議過後，好多人對騎山路存有疑慮，也害怕、擔心路況。碧修上次參加過曉鸞規劃的恆春機車行，知道曉鸞和素芝、又乃已經一起完成了機車環島，她一定知道高雄到台東的路況，更清楚歐巴桑在擔心害怕什麼，需要做什麼準備，所以主動打電話給曉鸞，請她來分享。

曉鸞談到自己的機車環島經驗，給大家一句忠告：一定要找對人——生活習慣與作息相近、生活上可以互相配合的人。我們聽著曉鸞敘述環島時隊友兩次分道揚鑣的故事，一邊是聽得津津有味，一邊又感受到卸下壓力的她，似乎變得不太一樣；而更讓我們跌破眼鏡的是，她現在就像行走的地圖，我們提到去台東，她立刻就能告訴我們可以走哪幾條路線。

「如果大家想試試看自己的騎車技術能不能夠應付彎彎曲曲的山路，我覺得可以先試騎田寮月世界的那一段，讓自己適應一下騎山路的感覺。」曉鸞給出建議，碧修順便揪團，選好時間大家一起試騎。

祈溱也老實告訴大家，南部有什麼好玩的地方，她自己也不熟。她會先按照自己想去的地方做安排，就當做幫自己規劃行程，工作起來也會比較來勁兒，並透過行前會議時提出來，請大家一起來討論修訂。

由於台東機車行是四天三夜的行程，不像上次去恆春只過夜一天，大家開始討論行李要怎麼帶。有人以為保母車可以給大家放行李，介言老師一聽，馬上打槍說：「保母車要準備的是後勤物資，宜芳一部轎車怎麼可能塞十幾個人的行李，自己的行李自己帶，妳們要想辦法簡化。」

大家陷入了一場七嘴八舌的熱烈討論，有人建議可以準備一些打算丟掉的衣物，一邊玩一邊丟，減少行李的負擔；有人建議不要帶硬殼行李，放在機車踏墊上會影響騎車的安全，如果準備軟包行李，可以放在機車後座。

大家在熱烈的討論中思集廣益，還想出團購機車置物網袋，把行李固定在後座，搞不好還可以當靠墊。

一提到團購，這群歐巴桑的精神都來了！前三次的機車行，大家識別車隊的方式是製作圖卡貼在機車上，或是配一條圍巾當做標示。但在行進中，標示太小並不顯眼，於是祈溱在會議中徵詢意見，大家同意團購顯眼的風衣當做隊服。

祈溱這次也發揮年輕人的創意，利用臉書打卡讓大家可以在路上邊玩邊拍，再打卡上傳臉書，也可以達到宣傳的效果。既然要拍照，就少不了自拍棒，團購項目也列入了自拍棒，並且決議在下次開會時，要教大家如何拍出網美照，以及使用上傳臉書打卡的功能。

在曉鸞建議歐巴桑可以先到田寮去感受騎山路的感覺後，碧修便組團展開試騎活動，幾乎所有機車行的成員都報名，還攜家帶眷同樂。惠華帶先生和女兒一起、美卿帶著兒子、智惠拉妹妹做伴、家淳則是騎著剛買的新車，和大家會合。

戴著眼鏡的家淳，罹患角膜失養症，視力在晚上會變差，她說，天黑之後騎車看路會有點吃力，對她來說，機車只是代步工具，她覺得騎機車不安全，一部小五十機車騎了很久，時速最多只到三十公里左右。

她形容自己的膽子很小，如果騎車騎到一半，突然聽到喇叭聲，她會驚嚇到！為了參加機車行，她特地買了新車；為了「駕馭」這部新車，她報名參加了田寮試騎活動。

惠華則是和先生及女兒一起來試騎，說起來她會參加這次的台東機車行的機緣也很剛好。早在二〇〇六年，她就上過彩色頁的「夢想行動計畫」課程，那時候她的夢想是幫媽媽完成半自傳的回憶錄。之後，她的女兒經歷了兩次意外事件，讓她不得不放下手邊的事情，全心全力陪伴女兒度過成長期。

如今女兒平安長大，身體也恢復健康了，惠華的壓力減輕不少，才又有時間回到彩色頁。一聽到協會要辦機車行，她馬上就報名。

這一天的試騎活動，美卿帶著小兒子「小王子」來參加。她身為單親媽媽，以從事居家清潔來維持家計。單親媽媽的生活壓力，時常讓她累得喘不過氣，但她一直告訴自己要堅強，不能倒下去。

來到彩色頁上課是她釋放壓力的時刻，為了讓她得以兼顧小孩，不會因此失去學習的機會，彩色頁容許她把小王子帶來上課，小王子也因此和這群歐巴桑不算生疏。

小王子第一次和媽媽來到彩色頁時，才小學三年級，我們都叫他「小三」。那一年的流行語「小三」指的是第三者，他小小年紀還不懂「小三」的弦外之音，只是小朋友升上四年級之後，大家也很難改口叫小四，最後又幫他取一個外號叫「小王子」。小王子在彩色頁多了好幾個媽媽疼愛，大家都把他當寶貝，尤其是介言老師一看到他，一定立刻彎下腰，給他一個擁抱。

美卿四十歲的時候生他，如今年過半百，她很感慨人生的前半個世紀沒有好好地為自己而活。在家裡，她不違背父母的期待；婚後，她做好妻子的本分，當公婆眼中的好媳婦；離婚後，她不但要盡力扮演好媽媽的角色，還得身兼父職。

人生過了一大半，她終於意識到應該要好好愛自己；她在彩色頁的成長課中體會到，要把自己顧好了，才能成為孩子堅強的後盾。

美卿在報名機車行之前，內心十分掙扎。以前會覺得自己怎麼可以丟下孩子跑出去玩，這麼做好像很自私，但她這次真的很想參加。

女人想去做一件事，和丟不丟下孩子，其實是兩回事，她可以不必丟下孩子不管，去做她想做的事。美卿希望得到小王子的支持，支持她去做她想做的事——參與台東機車行。於是在行前會議中，大家同意她帶著小王子和這群姊妹一起出去。

家淳很慶幸有跟大家一起走過田寮的試騎。為了適應自己剛買的新車，家淳在參加試騎前，先在車少的時段練習轉彎，但這次騎在山路上，她才發現騎行的感覺很不一樣，尤其是機車龍頭，比以前騎小五十的時候還重，她得使點力氣才有辦法控制它，很考驗她騎車的反應和雙手的靈活度。

當車隊經過路口時，前面的車看到綠燈通過後，如果燈號突然轉為黃燈、紅燈，跟在後面的車有可能擔心跟不上車隊而強行通過，或是突然在路口緊急煞車，無論是哪一種狀況，都有可能發生危險。

大家發現，雖然有過前三次機車行的經驗，不過，騎車的默契還是需要經過演練，才能逐漸成形。

九月二十日的行前會議，參與試騎的學員紛紛把自己騎車遇到的問題提出來討論。過紅綠燈的部分，大家最後決定以小組為單位，組長帶頭過紅綠燈時，先放慢車速，讓後面跟車的隊友跟上，縮短車距，大家再一起通過紅綠燈。如果遇到紅燈阻斷車隊，先行通過的隊友就暫停路邊，等後方綠燈後，車隊都跟上了再出發。

然而，歐巴桑在大熱天底下騎車，難免會在停紅燈時躲太陽，碧修發現，當大家都在躲太陽時，原本規定後車要跟著前車的順序會被打亂，造成管理上的不便，也很容易在躲太陽時為了爭陰涼處而發生危險。大家覺得行車順利與安全比美白重要，同意遵守等紅燈不躲太陽的規定。

這是第一次在行前舉辦試騎活動，大家在過程中可以事先找出問題，再討論怎麼處理，這樣的經驗傳承到未來的每一場機車行規劃，發展成為新成員的試騎活動，讓她們提早適應行車的規矩。

會議中，大家收到上次團購的物品，螢光綠色的風衣果然很顯眼，而自拍棒也發放給大家。祈溱教大家使用訣竅，自拍角度要拉高，大家的臉型就會變尖。大夥兒好像得到了什麼特殊技能似的，一窩蜂擠到宜芳手持的自拍棒前拍照。

除了學習使用自拍棒，祈溱還教大家使用臉書上傳照片、打卡，每個人你一言、我一語，互相研究，這群歐巴桑與3C的距離，其實也沒那麼遙遠。

歐巴桑們圍成一個小圈圈，每個人伸出手中握著的手機，專心學習如何打卡，介言老師站在一旁趕忙從上方拍照，留下這歷史性的一刻。看著這一群姊妹專注的眼神，那種一心一意為了共同的願望、凝聚而生的姊妹情誼，讓她內心翻湧不已。

距離出發時間愈來愈接近，大家的心情愈來愈期待，但是祈溱卻愈來愈焦慮。

在接手承辦機車行之初，祈溱就陸陸續續聽到一些人提醒，這份工作不容易，除了規劃的事又細又雜，還要應付一群難搞的歐巴桑。祈溱自己也很擔心，如果沿途發生什麼事，她一個人怎麼擔得起？

她自己規劃的路線，自己卻一次也沒走過，心裡覺得很不踏實。她把心裡的疑慮告訴了彩色頁工作團隊，宜芳與本娜決定找時間陪她實際走一趟台東機車行路線。

宜芳在彩色頁工作團隊裡是一位個性很阿莎力的大姊，言談間有時候會有一點江湖味。她不隱藏自己曾經和朋友合夥做生意開KTV，見識過社會上黑白兩道形形色色的人，姊妹們都感受到她是一位十分講義氣的女人。

她說，以前忙著做生意賺錢，把身體都搞壞了，逼得她不得不休息。以前在KTV工作時，經常看到許多貴婦來唱歌，宜芳陪她們聊天時，常常聽到這群貴婦炫耀著在做志工服務。宜芳當時在心中許下心願，將來自己的狀況更好時，也要加入志工服務。

她在休養期間，正好有一位在婦女團體擔任志工的朋友邀她一起來服務，她才因此接觸到志工行列，在一些因緣之下，進而來到彩色頁。

宜芳常開玩笑說，自己進到彩色頁是從掃地開始，因為她不知道自己有什麼專長，可以做什麼貢獻；後來接受訓練，成了志工幹部，進而當了志工團長，再進入到理監事會，最後被大家選為理事長，現在是彩色頁工作團隊的召集人，又是彩蝶劇團團長。

她擁有商場的經營與能力，後來又進修社工課程，為彩色頁帶來靈活的經營模式，也因此，祈溱剛接手台東機車行提出的預算，不斷被她這位大掌櫃打槍，其實也幫助祈溱在有限的時間內熟悉這些程序。

宜芳開車載著祈溱和本娜，只花了兩天的時間跑完了四天台東機車行的路線與行程，沿路上，宜芳被祈溱的左右不分打敗了。

Google 導航雖然很方便，但是標示目前位置的落點會因為網路通訊而和實際位置有時間差，祈溱每次看著手機導航，藍點點到了要轉彎的路口時，才跟宜芳說要轉彎，但實際上車子早就到了路口，讓宜芳來不及反應，差點飆髒話。

更誇張的是，宜芳已經來不及轉彎了，耳朵聽著祈溱說左轉，卻看著祈溱的手往右一揮，她按捺不住性子對祈溱飆喊：「到底是左邊還是右轉啦！」

宜芳被祈溱這樣折騰，就算車神都會變成危險駕駛，她們倆最後終於在車上達成共識，也就是祈溱報路時，遇到左右轉只動手，不動口。

祈溱在勘察路線時發現一個問題——她們開車走一遍機車行的路線，但是途中會遇到汽機車分流的大馬路，尤其是轉彎路段的交流道設計，汽車根本無法走機車道，祈溱擔心：「萬一我在汽機車分流時搞丟了這群人，我要怎麼辦？」因此，她提醒自己車隊來到這些路段時要特別留意這件事。

【女人夢想行動實踐】歐巴桑騎機車凸台灣之四

乘風傳愛行動——紫絲帶．攜手反暴力

時間：二〇一四年十月二十五日至二十八日
路線：高雄到台東
里程：四七四公里
車隊：十五台車
第一組：碧修（隊長）、江泉、家淳、筠勻、美卿
第二組：秋美（隊長）、承英、惠華、智惠、淑卿
第三組：素芝（隊長）、慧娟、素月、瑜庭、介言
後勤保母車：祈溱（隊長）、宜芳、本娜、曾宇

十月二十五日（六）
高雄市婦女館—屏東南州糖廠—枋寮阿平海產（午餐）—三個傻瓜海邊咖啡—車城海比尼斯民宿—龜山步道夕陽—恆春老街（晚餐）

十月二十六日（日）

車城海比尼斯民宿—新興路（一九九縣道）—東源水上草原、哭泣湖—二哥的店（午餐）—壽卡鐵馬驛站—台東達仁7-11（台九線）—台東大武原住民家庭暨婦女服務中心—太麻里美和國小—台十一線—台東市愛馨會館—台東市區（晚餐）

十月二十七日（一）

台東市愛馨會館—台十一線—太麻里美和國小—台九九線—7-11金倫門市（午餐）—達仁7-11—壽卡鐵馬驛站—一九九縣道—屏東旭海溫泉（一九九甲縣道）—台二十六線—二〇〇縣道—滿州寮仔旅人館—陳秋枝海產店（晚餐）

十月二十八日（二）

屏東滿州寮仔旅人館—二〇〇縣道—恆春家福中心—屏鵝公路（台二十六線）—楓港社區發展協會（午餐）—潮州憶童年人文懷舊餐廳—

台一線—高屏大橋—高雄大寮鳳屏二路

參訪組織：勵馨基金會（台東分事務所）、恆春家福中心，楓港社區發展協會

與特殊的女人對話：勵馨基金會服務的遭受婚姻暴力的姊妹

十月二十五日上午八點，大家在高雄市婦女館前集合，祈溱終於扛不住這幾個月來所承受的壓力與害怕，崩潰痛哭，她擔心著：只要有一個人出狀況，我要怎麼對她的家人負責？我怎麼擔得起這個責任？我要怎麼辦？

這些辛酸與壓力，祈溱一直都沒在大家面前呈現過，現任理事長本娜看她背負著辛酸與壓力，給她猶如媽媽般溫暖的擁抱；宜芳和介言老師則告訴她：「祈溱，妳做得很好，妳的責任只到今天為止；出發以後的

事，就是彩色頁的事，不會是妳一個人扛，妳就好好享受和大家一起完成機車行的過程吧！」

聽到她們的安慰與鼓勵，祈溱像無頭蒼蠅般混亂的思緒，頓時平靜了下來。

當車隊出發，每個人都穿上亮綠色的風衣，這一群飆風女騎士在路上看起來十分醒目。祈溱本來打算帶隊騎車，但是又擔心這次四天的長程騎車，歐巴桑們會不會臨時有狀況，最後她決定搭保母車隨行，扮演後勤角色，萬一有人沒辦法騎車了，她可以擔任替補人選，至於車隊的領隊，就交給第一組的組長碧修打頭陣。

記得上次碧修和老公江泉參加恆春機車行時，他們倆是共乘碧修的身障機車，有過經驗才明白，身障機車的後座，其實坐起來並不舒服。這次碧修來參加，江泉本來還不想跟，但幾個歐巴桑不斷遊說江泉，希望他可以陪碧修一起騎車，他才答應來參加。而這次，他們夫妻倆各騎各的機車，都編在和家淳、筠勻以及美卿同組。

祈溱搭著保母車，心情比騎車的歐巴桑還緊張，不時搖下車窗注意大家的行車狀況，一到左轉路口時，便揮手嚷嚷，提醒大家要記得兩段式待轉，就怕有人一緊張，就跟著保母車直接左轉，發生危險。

車行到了三個傻瓜咖啡廳停留，享受南台灣的海景風光，這群歐巴桑開始演練，並且展示她們在行前會議中學習的拍照技巧，上傳臉書打卡。只見一群歐巴桑再度圍成一圈，在自拍棒前擺出最美的樣子，一張張照片上傳臉書，頓時，她們臉書上的共同好友全被機車行姊妹們的照片洗版，甚至有人特別傳訊息，要她們別再洗版了！

傍晚時分，抵達車城下榻的民宿，看著晚霞正美，大家又拿起了手機和自拍棒。只要有相機的地方，一群人就會湊上鏡頭前拍照，就算拍了十幾分鐘還是沒完沒了。

車城離恆春市區大約半個小時的路程，晚餐時間，大家便騎車到恆春老街覓食，剛好聽到當地人說，附近有一場音樂會，有些姊妹晚飯後前去欣賞，有些人習慣早睡，便返回民宿休息。

祈溱回到民宿後，還要準備明天行程中宣導要發放的紫絲帶，她擔心準備的數量不夠，趕緊到各寢室，請在場的歐巴桑「趕工」。

秋美、惠華和承英都住在同寢，因為參加機車行，才讓她們有緣相聚。智惠拿起攝影機走到她們的房間裡，不知道聊天聊到什麼，三個人一邊做著手工藝，一邊笑到流眼淚。

智惠手持攝影機，記錄這個寢室的女紅趕工情況，她一臉淡定卻又搞笑地對姊妹說：「妳們趕快做一做！做完等一會兒下去領五百。」這幾個女人就像被戳中笑穴般笑倒在一起。

第二天早上離開車城，準備進入山區，接下來的旅程是大夥兒最擔心害怕的山路。車隊才剛經過一個上坡，就遇到路旁的消防栓故障，噴出五米高的水柱，連交通警察都到場管制。

由於消防栓的位置在彎道轉角，地面又濕又滑，好多人很害怕在轉彎時打滑，經過時都放慢速度，甚至有姊妹停下來，不敢越過，膽戰心驚。

這時候，突然有姊妹高喊：「第一個考驗來了，大家加油！」才讓停下來的姊妹鼓起勇氣通過。

騎在一九九縣道上，並沒有省道這般寬敞，還好歐巴桑們多數都有田寮試騎的經驗，在祈溱給每一名成員的行車手冊上，還特別註明這段山路要特別小心。

被喻為「野薑花故鄉」的東源，有一處特殊的沼澤地「水上草原」，這裡曾經是當地部落的禁地，看似一大片的草原，其實底下是含水量極高的泥淖，因為這裡擁有特殊的地質景觀，逐漸被發掘而成為熱門景點。

大家陸續抵達了東源的水上草原，導覽員仔細解說這裡的生態與注意事項，姊妹們一邊聽、一邊忙著拍照。

聽完導覽員的介紹，大家開始體驗走在水上草原的感覺，如果踩穿了草皮，就會陷入爛泥中，現場不時傳出驚聲尖叫，有點刺激，也很有趣，連精神緊繃的祈溱也融入大家一起玩。

惠華一個不小心，一腳陷入爛泥裡動彈不得，走在前面的美卿回頭見狀出手救援，拉她一把，不過，跟在惠華後頭的秋美，又「身陷泥淖」，愈踩愈深，惠華和美卿，一人拉一手，拯救秋美脫困，結果搞得這幾個女人一身爛泥，卻笑得開心。

踩完了爛泥，大家稍做清洗之後，繼續騎著機車前進。經過一邊是山壁、一邊是峽谷的山路之後，車隊轉進了台九線南迴公路，眼前一片豁然開朗。一看到湛藍色的太平洋，大家都被東海岸的美景深深吸引，才體會到介言老師在介紹此地時說的，藍色海洋迎面而來的感覺。

騎到台東海岸線，景色都變得不一樣！碧修因為打頭陣，即便沿途的風景優美，她仍然透過後照鏡掌握大家的狀況。她觀察騎在後面的家淳和她的車距有一點大，心想會不會自己的車速騎太快了？於是她放慢速度，讓後面的家淳跟上。

沒想到碧修放慢車速，家淳也跟著放慢，車距還是沒有拉近。於是碧修催了油門加速，結果家淳也跟著加速追上來，這時候碧修才真正放心騎車，確定家淳可以掌握自己的車速，跟車不會跟不上。

其實家淳擔心的不是跟車，而是她的眼睛罹患角膜失養症造成的視力損傷，讓她在太陽下山後騎車變得更吃力，當初還考慮了很久，要不要參加機車行。

雖然行程在祈溱的安排下順利完成，但是，這群歐巴桑愛自拍的程度真的超乎她想像，行程因此受到耽誤，大家得在日落後騎車趕路。

天黑之後，家淳盯著道路上的白線，小心翼翼騎著車。她突然覺得路好像變得比較亮，第一個反應是懷疑自己是不是不小心打開了遠光燈。

不過，後方突然有人對她喊話：「家淳！我把大燈打亮了，應該看得比較清楚吧？」筠勻在行前會上就聽過家淳提到自己晚上視力不太好，她這次騎在家淳後面，特別關注她的安全。

家淳被筠勻突來的舉動嚇了一跳，擔心她開遠燈會影響到對向車的行車安全，制止她這麼做。不過，筠勻卻很堅持地對她說：「妳可以安全騎車，對我來說比較重要。」

筠勻參加過三地門和恆春機車行，她很尊重每一次承辦人的規劃，然而自己發現有一些在行程中可能出現的狀況，她也會主動幫忙。她心想，家淳的視力不太好，天色暗了，騎車會變得很吃力，很擔心她的狀況，因為家淳就騎前面。筠勻對她說：「我不顧妳要顧誰？」

家淳感受到姊妹的體貼，也就不再堅持。這一盞遠光燈，照亮了家淳的路，也溫暖了她的心。

歐巴桑車隊一路騎到台東市區，感受到這裡的車流變多了，祈溱的心情也緊張了起來，不停搖下車窗，探頭揮舞著手，示意車隊注意車流，不要忘記左轉時要先到待轉區再轉。

但路口車流量真的很多，有些汽車、貨車搶快，不一定會遵守交通規則禮讓機車。筠匀看著長長的車隊，卻沒有人出來指揮交通，她突發奇想，把機車停在路中間，就站在車流中指揮車隊。筠匀心想，她看著姊妹們經過時，心裡出現了遲疑與害怕；車隊又沒有管制交通，車輛不一定會禮讓我們，如果沒有人出面管制，其實每個歐巴桑經過時都有危險，「但是只要我站出來擋車，就只我一個人有危險，我當然選擇站出來，讓大家平安通過。」

她的舉動讓大家都嚇壞了，面對汽車不斷對她按喇叭，她理都不理。開著保母車的宜芳見狀，立刻把車子停路邊，呼喊她離開，筠匀一樣不理會。宜芳只得對介言老師說：「現在只有妳治得了她，要由老大妳出馬了。」

對彩色頁來說，每個人的安危都一樣重要，筠匀終究不是交通執法人員，擅自在車道上攔阻人、車，危險又違法。介言老師看到筠匀這樣衝動的行為，認為立意雖良善，但不應該將自己陷於危險之中。她下了車，十分嚴肅地對著筠匀說：「妳過來，個人英雄主義不應該在這個時候出現！」

筠匀見介言老師難得變臉，只得順從地騎上機車，和車隊繼續前進，順利抵達台東市區。

這一晚夜宿在由勵馨基金會經營的公益旅店「愛馨會館」，姊妹們去逛台東鐵花村、覓食吃晚餐，也邀平日節儉過日子的筠匀一起，卻被她拒絕了。筠勻說：「我要去吃大餐犒賞自己！」筠勻特地挑了一家在旅館對面的餐廳，她和餐廳老闆聊起彩色頁的姊妹從高雄騎機車來到這裡，隔天要和勵馨基金會協助關懷婚姻暴力的姊妹進行交流座談。

老闆娘發現自己在地經營餐廳，看著對面「勵馨」的招牌，從來不覺得和自己有什麼關係。筠勻自作主張，邀請老闆娘和大家一起參加。隔天老闆娘參加完彩色頁在勵馨和遭婚暴婦女的座談，心裡深受感動，當下決定要捐款支持勵馨。勵馨基金會的姊妹們也沒想到，會與只有一路之隔的餐廳老闆娘有了連結。

參訪結束後，車隊一行人踏上返回高雄的路。

回程走的這條二〇〇縣道，比來時的一九九縣道更往南一些，對歐巴桑來說，是一項體力大考驗。

外型瘦弱的智惠騎在回程的路上，愈來愈感覺自己的體力不濟，全憑著意志力向前行。她們的組長秋美原本騎在前面，但是對認路沒把握，於是和承英協調帶路，自己則押車，也可以掌握夾在中間的隊友惠華和智惠的狀況。

智惠靠意志力不斷和體力對抗，心裡默默祈禱著：「如果這時候，車隊可以停一下，讓我稍微休息一下，就會好很多了。」

姊妹們好像有心電感應似的，看見依山傍海的美景，忍不住停下來拍照。老天爺就像聽見智惠的應許，讓她得以休息片刻，再繼續前進。

行程最後一個晚上，夜宿滿州，雖然騎了這麼一趟漫長的路，但看到民宿裡有投幣式卡拉ＯＫ，幾個姊妹開始興致高昂地歡唱。

承英拿起麥克風，唱著王瑞霞的經典歌〈絕情雨〉，架式十足；美卿在一旁拿起鈴鼓伴唱，接著，換美卿唱起謝金燕的〈含淚跳恰恰〉，腳步還隨著歌聲節奏跳恰恰；碧修則選唱陳小雲的〈愛的苦酒〉，歌聲猶如專業級歌手。在場的還有淑卿、江泉和家淳一起同樂，大家享受著一同出遊的時光，還有人提出創立卡拉ＯＫ群組，以後可以定期揪團歡唱。

入夜後，大家都已就寢，家淳的手機突然發出聲響，她嚇了一跳從床上彈起，心裡正自責著怎麼會忘了把手機調為靜音，連忙起身要拿手機時，同寢的室友連問都不問，氣噗噗起身，立刻把家淳發出聲響的手機關機。黑暗中，家淳心裡覺得很不好意思，但也摻雜著些許不被尊重的感覺。

一早，家淳和美卿趁著有些人還在睡夢中，臨時起意，前往民宿附近的小學進行反暴力宣導。家淳以前常說自己是膽小的女人，她希望自己能夠克服，於是拉著美卿作伴。

她們兩人進入小學到辦公室找老師，詢問可不可以來學校進行反暴力宣導。老師聽到她們從高雄騎機車到台東的故事，心中十分驚訝，支持她們的行動，便安排了一班讓她們進行宣導。另一位老師也被她們的勇氣感動，也請她們到班上宣導。

她們在學校做宣導，民宿裡的姊妹也起床吃早餐，這天的早餐是由早餐店外送來民宿，結果有姊妹為了餐點送錯而鬧脾氣，堅持要吃到自己訂的餐點，甚至還向民宿借腳踏車前往早餐店理論。

在場的歐巴桑被這位姊妹的脾氣嚇到，心裡都覺得有必要這麼生氣嗎？生氣又無法解決問題。看著她氣噗噗地跑去換餐，有些姊妹議論著擔心她和店家發生衝突，不知道是否該跟去幫忙，這時候，介言老師說：「就讓她去，她難得據理力爭，但是每個人要為自己的決定負責。」

最後，她順利拿了一份自己的早餐回來，只是，很多姊妹看了不以為然。

最後一天的行程，安排了兩個參訪，其中之一是來到恆春區家庭福利服務中心，這裡有一間視聽中心，裡面擺了爵士鼓、電吉他、電子琴和貝斯等等，看起來像是一間練團室。

有了前一晚幾個姊妹在卡拉OK歡唱的經驗，如今來到這處練團室，大家好像都有了默契，本娜坐在爵士鼓前，拿起了鼓棒敲敲打打，素月坐在鍵盤手的位置，雙手在琴鍵上游移，神情專注就像在彈琴；祈溱、慧娟和素芝輪流背起了電吉他和貝斯，右手不斷在弦上來回撥動，神情陶醉；美卿則拉著惠華和碧修，在舞台中間，一起帶動唱〈你是我的花朵〉，每個人各就各位，就算合奏出的樂聲根本不和諧，大家都一臉正經，裝得一副正在舉辦現場演唱會的模樣，逗得觀眾開懷大笑。

也許正如宜芳所說的：「有睡過之後，感情就會不一樣。」經過三個晚上的共處，那些原本在彩色頁課堂中姊妹們從沒展示過的靈魂，這一刻毫無掩飾地盡情釋放。她們扮演著心中最愉快的自己，在這間練團室裡，在她們的心中，不必顧忌外人的眼光，那一份發自內心的歡笑，感染在場的每一個人。

練團室裡的熱鬧聲響，連在外面的介言老師都聽得一清二楚。她推開練團室的門，看到這一群和平時完全不一樣的解放分子，沉醉在自己的想像中放聲高歌、彈奏樂器；她一邊看著表演，一邊笑到彎腰，直說：「妳們這群歐巴桑真的很瘋，根本就是一群瘋婆子！」

在這場意猶未盡的行程結束前，車隊一路騎車來到潮州，吃了中飯，在舉行分享會的餐廳裡，大家談論著這一趟的收穫。

在姊妹們七嘴八舌的分享中，祈溱雖然不發一語，身邊許多歐巴桑都感覺到她的壓力沉重，如今，她終於安全地辦完這次的活動，想到這一路走來撐到現在，不禁淚眼汪汪。

趁著祈溱還在整理情緒，說不出話時，筠勻開口說，她想到第二晚，大家騎到愛馨會館時，沿途都沒有路燈，大家在摸黑中騎車；保母車上的本娜和祈溱搖下車窗，不斷探頭，安撫大家就快到了，看起來就像大媽帶著小媽，心裡真的很佩服她們。

祈溱擦乾了眼淚說：「出發前我已經先哭過一次了，那時候我真的非常焦慮，因為我五月才進彩色頁，六月底就知道要接機車行。然後很多的志工，還有以前參與過的學員又不斷嚇我，說這個行程有多危險、多累，還有，這群女人有多難搞……」

只見在場的姊妹原本和祈溱一樣含著眼淚心疼她的努力，卻因為聽到「難搞」兩個字，全都破涕為笑！

原本差點可能無法騎完全程的智惠，談到自己當初在報名時，因為健康狀況不理想，內心有許多掙扎。但是她覺得，如果不趁現在還可以出門走一走，未來可能更沒有機會了。她說：「我已經觀望好幾年了，每次都看到名額秒殺，然後辦完一場，就會聽到一些人說，不知道機車行還能辦多久，搞不好明年就不辦了。」

她笑說，自己在彩色頁夥伴們的「危言聳聽」之下，最後才下定決心拚了！而她參與這次的機車行一路走來，一直隱瞞另一個不為人知的身體狀況，就是她靠著單眼視力騎完全程。這件事讓在場的歐巴桑聽到之後都嚇壞了！

她形容自己是冒險參加這次的機車行，事先也衡量過參與的風險。她開玩笑說：「我後來想，每次參加的人都那麼多，萬一我不小心倒下了，大家一人一口人工呼吸，我不就活過來了？這有什麼好怕的？我沒什麼好怕的！」

也因為她的勇敢冒險，才體會到彩色頁的規劃有多麼體貼，車隊的分組，讓她在有經驗的姊妹照顧下騎得很放心，她感受到這段旅行中最美的回憶是姊妹的彼此支持，互相照顧，「而且我們原本是一群不是很熟的女人，卻因為騎車這件事而有了革命情感。」

美卿參加這一趟機車行，最欣慰的地方是小王子對她的支持，她說：

「我最想感謝的人是我自己，因為自從離婚後單獨撫養小王子，我覺得自己一直很盡心盡力，把自己的娛樂休閒都拋在腦後，以小孩的利益為優先。我到五十歲了才認識彩色頁，來到這裡學習之後才明白，應該要讓自己開心一點、快樂一點，我才有更多的能量給孩子。」

承英這次拍了很多照片，為這次機車行的影片蒐集了很多素材。她說自己一直在家當家庭主婦，只要有事離家三、四天，她一定會先幫家人準備食物，她才能放心出門。

這次出發前，她照樣準備好冷凍水餃等等即食品在家裡，沒想到先生看她出個門還要事先張羅家人有沒有得吃才安心，特別下令要她以後不必操煩這些事，大家會自己想辦法，讓她覺得很安慰。

她說，自己有乾燥症和肌少症，出門都會把藥準備好，她自己也在佛堂修課，也會跟學員出去辦活動，只不過，佛堂的修行在於律己，但是參加彩色頁的機車行，她可以毫無拘束地做自己，還和一群瘋婆子當朋友，留下深刻的感受。

家淳不敢相信自己可以完成台東機車行，她說：「如果是我一個人，我絕對做不到！雖然在騎車的過程，有時候會被筠匀嚇到，但是晚上騎車時，她開遠燈照亮我前方的路，那一刻，我覺得自己被照顧了。」

家淳被姊妹的貼心感動，很有感觸地說：「當一個女人嫁做人婦之後，得當老公的後盾、照顧孩子長大，還要服侍公婆；女人在家庭中一直扮演照顧者的角色，但是這一趟機車行，我在這群姊妹中感受到自己是被照顧的，真的很溫暖。」

台東機車行讓祈溱完成了第一次的「不可能任務」，她心裡鬆了一口氣，行前會議時教大家使用臉書打卡上傳，在她的臉書上，看到滿滿的都是這次機車行的回憶，這一份難得的經驗，讓她也在臉書寫下鼓勵自己的話。

「我承擔這偌大的壓力，必須安全地照顧好這群平均年齡五十五歲以上的婦女人身安全，她們的體力超人、毅力驚人，讓我見識到女人面對生命所展現強大的韌性。像我這樣一個初生之犢，居然被彩色頁交付承辦這一場活動，開了記者會、婦團交流會……還上了報紙、電視。這麼棒的實務經驗，從無到有一點一滴的學習，未來的我一定會更強大！」

第五章

二〇一五年　台東—花蓮

我也會渴望被照顧

二〇一三年，彩色頁創辦高雄市婦女館「女人空間」的營運，介言老師、宜芳和本娜親自布置這一處讓女人可以休息、喘息、分享生活的空間，有簡易廚房，有舒適的沙發，坐在大片落地窗前，可以愜意地看著外面的綠地與植栽。

家淳第一次來到這裡時，就深深著迷於舒適的環境，更自薦來女人空間當志工。她也在彩色頁上了許多成長課，介言老師徵召她擔任志工組長，賦予她組織志工姊妹的任務。面對重責，她猶豫許久，心想：「女人該出頭嗎？我有能力嗎？這些姊妹會服我嗎？」不過，在她參與完台東機車行回來之後，感覺到自己好像比以前多了一點點勇氣。

當初報名參加二〇一四年的台東機車行，家淳是和志工姊妹們聊天時聽到的消息，當她一聽到「機車環島」四個字，勾起了她藏在心裡深處不敢想起的約定。

以前的家淳會覺得，女人一輩子很難完整地做自己，在當人家的女兒時，爸爸媽媽會限制妳想做的事，他們覺得，妳先把書讀好；接著畢業、上班之後，要先把工作做好；最後結了婚、有了家庭，根本完全沒有了自己！

她這輩子的願望就是當個無憂無慮的家庭主婦，現在也是這麼想，即便生活難免有阻礙、有困難，或許讓人痛心難受、害怕退縮，但遇到了也沒辦法，只要解決了、度過了，人生其實沒有什麼事可以讓人絕望的。

只不過，幾年前，她的先生因病離世，他們曾對彼此寫下未來，等孩子大了，要在高雄買一間屬於自己的家，以後要一起去環島。一想到彼此曾經立下的承諾，家淳很感慨：「我們有說過、想要一起做的事情太多太多了……」

所以當她一聽到彩色頁每年有辦機車行時，心裡有一個聲音告訴她：

一定要參加！但是她卻有點害怕。因為騎機車對她來說是一件很危險的事，就連孩子上下學，她也不考慮騎機車接送，甚至為了孩子就學，她可以像孟母三遷一樣搬家到學區附近。

她有一部五十C.C.的買菜車，因為她的平衡感不好，視力又有問題，所以騎車時速頂多三十公里。如果她要參加彩色頁的機車行，時速起碼要五、六十公里，她懷疑自己究竟能不能騎得這麼快？

每當她來到彩色頁，看著碧修拄著枴杖、以身障機車代步，還可以跟著歐巴桑機車行玩得這麼開心，她心想：「如果碧修都可以做到了，為什麼我不行？」

家淳在失去先生的那一段傷痛時期，孩子嘴上不說，卻十分心疼媽媽，也擔心媽媽。當她和小孩討論要參加歐巴桑機車行時，孩子知道媽媽的個性很容易受到驚嚇，只要有人突然講話很大聲，或是路上無預期的喇叭聲、鞭炮聲，都會讓媽媽嚇得身體一顫！

孩子雖然不放心媽媽參加機車行，卻沒有提出反對意見，倒是提醒媽媽，騎車在路上要保持冷靜，如果被嚇到，很容易發生失去平衡而摔車的危險事件。家淳說，孩子還特別叮囑她，「機車要換、駕照要換、安全帽要換，還有，膽小的心也要換。」

家淳聽了孩子的建議，換了一部一百C.C.的新機車，也考了一般重型機車駕照，並且在晚上車少的公園附近練騎，還參加碧修揪團帶大家到田寮的試騎活動。親身體驗過台東機車行之後，她才發現騎機車好像沒有自己想像中那麼困難。

現在對家淳來說，機車已經不只是買菜時的代步工具，在她的生活裡，多了機車旅遊的話題。她認識一位陳老師，把參加歐巴桑機車行的過程告訴他，並邀請陳老師幫她規劃練騎練車路線。

台東機車行結束後，承英在 YouTube 發布彩色頁歐巴桑台東機車行的紀念影片，是她蒐集了姊妹們在這四天三夜中拍下的照片和影片剪輯而成。影片中，大家在滿州民宿的夜唱，以及在恆春家庭社福中心玩樂器的瘋樣，又勾起了姊妹之間的回憶，那時候被介言老師稱做「瘋婆子」的這群歐巴桑，還真的組了一個「瘋婆子」群組。

由於陳老師幫家淳規劃了一條前往中寮雞冠山的機車行路線，家淳便和碧修討論，是不是可以找一個時間，邀大家一起試騎練車。

承英、秋美、智惠和惠華在台東行時編列在同組而設的聊天群組，行程結束後並未解散，承英把這趟旅程中所結交志同道合的朋友，像是家淳、碧修夫妻、美卿和素月等等都拉進群組。在台東機車行結束後一個月，這群「瘋婆子」便相約騎機車到中寮雞冠山慶祝友誼「滿月」。

瘋婆子因為有了群組，聚會變得頻繁，也開始變得有「組織」，秋美是瘋婆子團長，最喜歡揪大家一起聚會；承英是「瘋祕」瘋婆子祕書，負責聯繫、拍攝與剪輯影片;智惠是「導演」,她熱愛表演,在彩蝶劇團中被稱做「戲仙」,瘋婆子有任何主題趴,需要治裝,都由她準備。

碧修居住的大樓有公設,交誼廳、視聽室經常成為瘋婆子的「開趴」基地。只要有人在群組上揪團,有空的人就到碧修家集合。二〇一五年新年,瘋婆子齊聚在碧修家K歌,秋美穿著桃色上衣,配上黑色貼身褲,跳起了恰恰;平常固定參加舞蹈班的素月,被碧修從沙發上拉起來,推到秋美身邊,兩人跳起了交際舞。

素月身材高䠷,在瘋婆子裡是屬於比較文靜的女人。她其實是高雄市婦女館的志工,起初根本不知道館內有個空間是彩色頁經營的。

她因為孩子慢慢長大了,覺得空閒下來的時間要為自己做一些打算,所以參加了婦女拼布班、烘焙課、舞蹈班等等。二〇一三年十月,她翻開報紙,看到有一群歐巴桑騎機車凸台灣,引起了她的興趣,卻不知道這些飆風女騎士,其實和自己在同一棟婦女館做志工。

素月和素芝兩人因為一起上課而成為好朋友，當素月聊起了歐巴桑騎機車的新聞，素芝告訴她，自己也有參加，而且還邀素月下次一起報名，素月才驚覺，原來報紙上登歐巴桑機車行的新聞，離自己這麼近！她也因為素芝的介紹，在二〇一四年台東機車行時，和瘋婆子玩成一片。

瘋婆子每個人都很活潑，和素月是截然不同的性格，她覺得瘋婆子不一樣，每個人的個性都不同，卻又可以互相包容。和這群女人相處，她可以放鬆做自己。

碧修在二〇一三年彩色頁辦的第三次機車行時，首次報名參加，並逐步計劃自己的機車環島藍圖。如今，她握著每個成員都有一本的「女人夢想行動存摺」，一直很遺憾沒參加過先前辦過美濃和三地門的兩次行程，於是和瘋婆子們相約，一起前往美濃和三地門，把來不及參與前面行程的里程補回來。

高雄市婦女館和科工館連成一塊綠地，清晨、傍晚以及假日都是居民散步踏青的好去處。婦女館的女人空間，彩色頁也安排許多的女性成長課程、志工培力課程等等。某天傍晚，碧修準備離開婦女館，有一位歐巴桑突然叫住她，問她：「請問，妳們這邊是有在招募志工嗎？當志工需要什麼條件嗎？」

她的名字叫恆卉，每天都會固定來到科工館一帶散步，走累了，就在婦女館的門口花圃旁坐著休息，看著館內人來人往發呆。

她的丈夫剛離世四個月，小孩都長大在外地求學或工作。她失去摯愛，人生就像失去了依靠，沒有什麼可以努力的方向，但是，她知道，若一個人一直悶在家，心裡會很難過，一定會想不開，於是強迫自己要出門走一走，就算是漫無目的的閒晃也好。

離她家最近的地方，就是科工館。恆卉慢慢從科工館散步到婦女館，日復一日，她看到婦女館裡有招募志工的訊息，心想：志工到底在做什麼？

那天，她看著碧修走路一拐一拐的，還來做志工，她十分佩服碧修：「她這樣都還這麼努力來當志工，那我是不是也可以？」當下不知道哪來的勇氣，她就攔下了碧修詢問當志工的條件。

碧修回頭叫住了祈溱：「祈溱！妳來一下，這裡有人要問志工報名的問題。」恆卉便來到彩色頁報到。

恆卉是傳統的家庭主婦，沒有參加社團的經驗。她來到彩色頁，第一次和大家一起上課時，心裡有點害怕。她就像個傻大姊，不善言辭，介言老師上課時，會引導她怎麼說話，學習分享。

漸漸地，恆卉的生活有了重心，每每來到彩色頁，最關心介言老師有沒有好好吃飯，偶爾幫老師帶點心，還會盯著她把東西吃完。介言老師嘴上虧她：「妳在彩色頁最大的工作就是盯著我有沒有吃飯。」但在心裡，卻享受著恆卉對她的寵溺。

恆卉很喜愛親近大自然，也會騎機車到處跑。來到彩色頁後，她才知道每年有歐巴桑機車行，二話不說嚷著要報名，還特地約了小姑玉盤做伴。

由於歐巴桑機車行一年比一年辦得熱鬧，使得每年一過完農曆年之後，大家各個滿心期待彩色頁發布機車行開放報名的訊息。

彩色頁歐巴桑成功挑戰台東機車行後，二〇一五年計劃挺進花蓮。然而，碧修覺得，既然要從台東開始騎，為什麼只騎到花蓮，不一口氣北上到宜蘭或基隆呢？大家可以一鼓作氣，征服東海岸。

只是，要一路直奔宜蘭或是基隆，有一段最大的挑戰是「蘇花公路」，這一條危險路段讓歐巴桑心生恐懼，要讓大家鼓起勇氣挑戰這路段，恐怕還需要更多的騎車經驗。

組織也針對前往蘇公花路的這段行程進行討論，連高雄市社會局的長官都提出疑慮，有所擔憂；協會志工中，有一位夥伴的兒子是警察，聽到彩色頁的姊妹打算挑戰騎機車到蘇花公路時，也給了堅決不可的建議。幾經討論，彩色頁終於下了取消蘇花公路段的行程。

祈溱有過第一次帶領歐巴桑騎機車的經驗之後，這次策劃花蓮機車行，不再像無頭蒼蠅一般。在台東機車行規劃中，她讓歐巴桑學會使用自拍棒、上傳臉書，過程中發生行程延誤的狀況，有時候是她們太喜歡拍照，永遠都拍不夠，反而像上廁所、加油這些正事都忘了做。這次她嚴格規定，讓她們到了定點後先上完廁所、加滿油，才可以去拍照！

她因為不了解這群歐巴桑的體力極限在哪裡，在台東機車行時沒有親自騎機車帶隊，而是搭保母車隨行，如果成員身體不適，她可以立刻遞補。她沒想到自己低估了她們的毅力，有的視力不好，有的體力不好，有的身體有一些疾病，卻一個一個騎完全程。這次的花蓮行，祈溱決定要親自帶隊。

隨著機車行規劃的路線愈來愈遠，行程所需的時間也愈來愈長。從高雄騎到花蓮，來回就有八百公里，如果要在四天三夜騎完，恐怕大家都在趕路；如果要多花一、兩天，歐巴桑要離家這麼久可能有點難度，另外，在預算上也很吃緊。

行前會議上，針對行程的安排，大家想出了一套解決辦法。因為高雄到台東，歐巴桑已經挑戰完成，其實只需要挑戰台東騎到花蓮，既可以接續環島行程的拼圖，又可以控制在四天內完成。而高雄到台東，就讓大家搭火車。

那機車呢？要在當地租車，還是託運到台東？歐巴桑在討論的過程中，多數還是喜歡騎自己的車，比較熟悉，也比較有安全感，於是決定在出發前把機車託運到台東。

有鑑於台東行偶爾會發生行程延遲，導致大家得在天黑後趕路的狀況，為了補強夜間騎車的視線，大家想了一個還不錯的方法，採購反光貼紙以及螢光棒，布置在車身周邊，減少歐巴桑可能在晚上跟車跟丟的機會。

行前會議中，歐巴桑一步步參與規劃，大家都會提出自己想去的願望清單，最後統一由祈溱整合規劃；祈溱在每次會議中一再叮囑成員，五十C.C.的輕型機車絕對不能上路，每個人都要有一般重型機車的駕照，出發前一定要去做機車大保養。

只不過，還是有成員沒辦法出席行前會議，像是和真，她是診所的藥劑師，每次行前會議安排的開會時間，她都還沒下班，因此沒辦法出席。

歐巴桑在參與行前會議的過程中，可以很清楚了解行程規劃與規定事項，大家在資訊對等的情況下培養機車行的默契，可以減少許多意外發生的機會。因此有規定每一位報名機車行的成員，一定要出席行前會議。

由於和真因為工作而無法出席行前會議，大家原本討論是不是要取消她的參加資格，不過姊妹們都能理解她的難處，仍然同意她參與。

這次花蓮行，祈溱要親自出馬帶隊，她不再只依賴Google地圖，覺得應該親自場勘一次。她搭宜芳的車，介言同行，花兩天的時間將路線勘察完畢，記錄走過的每個路口。不過她記錄的方式是觀察附近明顯的看板、招牌或是懸掛物，宜芳就笑她說：「萬一我們出發後，看板換了、懸掛物拆了，妳是不是就迷路了？」她才學會要記住路名，以減少出錯的機率。

花蓮機車行前夕，台灣附近的海面來了不速之客，巨爵颱風在太平洋蠢蠢欲動，雖然襲台機率不大，但是祈溱擔心東部的天氣會受到影響。

由於這次的行程，大家是從高雄搭火車到台東，從台東開始騎機車，然而機車託運得在出發前三天辦理，活動當天才能確保大家順利在台東能取到車。祈湊因此為了這次機車行的媒體宣傳傷透腦筋，如果出發當天派出採訪通知，這些飆風女騎士的機車早已託運到台東，讓她們排排站在火車站前說要機車行，似乎有點牽強。

行前會議中，突然有人靈機一動，建議不如在機車託運當天舉辦記者會，從婦女館騎車到高雄車站，於是計劃了一場歐巴桑騎機車的「快閃活動」。

由於彩色頁機車行和高雄市家庭暴力防治中心已合作了兩、三年，這次也不例外。十月二十日早上，天空是烏雲一片，歐巴桑從婦女館騎機車到高雄車站進行反暴力宣導快閃活動，並發出採訪通知，宣傳這次的機車行。快閃活動結束後，歐巴桑順便在火車站把機車託運，這時，天空下起了大雨，祈湊祈禱，三天後不要遇上壞天氣。

「只要做好萬全的準備，老天爺也會幫忙的！」介言老師要祈溱放寬心。

【女人夢想行動實踐】歐巴桑騎機車凸台灣之五

飆風女騎士——愛心傳遞．兒保兒寶行動

時間：二〇一五年十月二十三日至二十六日

路線：台東到花蓮

里程：三四〇公里

車隊：十三台車

前導車：祈溱

第一組：碧修（隊長）、家淳、淑宮、江泉

第二組：秋美（隊長）、承英、惠華、美卿

第三組：素月（隊長）、恆卉、和真、玉盤

後勤保母車：宜芳、介言、曾宇

十月二十三日（五）

高雄火車站（搭火車）—台東火車站—台九線—鹿野高台—愛嬌姨餐廳（午餐）—池上伯朗大道—大坡池風景區—花蓮瑞穗北回歸線標誌公園—曙光農家民宿（住宿＋晚餐）—虎爺溫泉

十月二十四日（六）

花蓮瑞穗曙光農家民宿—富源森林公園—富源廟口小吃（午餐）—壽豐立川漁場—七星潭與原野牧場—漫遊舍—花蓮市區（晚餐）

十月二十五日（日）

花蓮市漫遊舍—花蓮基督教女青年會—三隻無尾熊餐廳（午餐）—芭崎瞭望台—7-11豐濱門市—月洞—台東長濱湖光山色民宿—邱爸爸海味小

吃（晚餐）

十月二十六日（一）

台東長濱湖光山色民宿—長濱鄉原住民族家庭暨婦女服務中心—卡片教堂—宋媽媽新發海產店（午餐）—東河包子—小魚兒的家—台東火車站（搭火車）—高雄火車站

參訪組織：花蓮基督教女青年會新住民服務中心、長濱鄉原住民族家庭暨婦女服務中心

與特殊的女人對話：台東縣天主教愛德婦女協會執行長唐修女

十月二十三日一早，在火車鳴笛聲後，彩色頁的歐巴桑搭上列車前往台東。原本差一點被除名的和真，把事先為大家準備好外出可能會用到的急救藥品，交給後勤人力，以備不時之需。

一路上大家雖然搭火車，卻也沒閒著。不但在車廂裡進行反暴力宣導，歐巴桑也發揮創意，在火車每個停靠站下車進行「快閃宣導」，同時還要抓緊時間拍照。

這次的機車行，瘋婆子也沒有缺席，當列車靠站，大家下車，手持標語宣導並拍照，她們得趕在列車到點關門之前，再衝回車廂上。

介言老師在車上看著大家和時間賽跑，心裡提心吊膽，擔心萬一車門一關，有人來不及上車怎麼辦？

這些婆婆媽媽的舉動，引起了列車長的注意，當列車長逐車巡視到我們時，特別關心我們在做什麼。這位列車長戴著黑框眼鏡，是一位留著俐落短髮的年輕女性。

大家向列車長說明來意，她一聽到我們準備前往台東，挑戰騎機車到花蓮，對歐巴桑的精神感到佩服，她也接受邀請，一起在車廂合照，支持彩色頁進行反暴力的宣導行動，還不忘叮嚀要注意安全。

兩個多小時的車程，終於抵達了台東車站。上午十點的台東出了大太陽，大家很開心颱風沒有帶來壞天氣。

眾人前往機車託運行取車，各個熟練地穿上亮綠色風衣「戰服」，戴上太陽眼鏡、口罩，把自己包得緊緊的，就怕烈日當頭，把皮膚曬傷了。如果把這群歐巴桑的造型從安全帽換成斗笠，還真像極了站在田間的農婦、站在茶園的採茶女。

秋美騎上機車，發現車子有一些狀況，趕在車隊出發前，到修車行檢修完畢。明明出發前幾天在高雄已經請師傅保養過，沒想到一到台東，行程還沒開始，機車就出狀況。

祈溱這次親自出馬帶隊，行程規劃也比上次簡化一些。以往要花時間調查沿路的加油站或是洗手間，然後詳細標示在路線裡；這次她不這麼做，她覺得掌握大家騎車的時間即可，只要騎了半小時、四十分鐘，看到加油站或是有洗手間的地方，她就主動停車，讓大家休息、上廁所。

而在每天晚餐後，回到民宿休息前，就帶大家前往加油站先把油加滿，或是隔天一早出發，第一件事就先去最近的加油站加滿油。她用這樣的方式簡化自己規劃行程的前置作業。

行程第一天，歐巴桑一整個精神飽滿，從台東車站一路騎到花蓮瑞穗。沿途經過鹿野、池上等地，一邊做宣導，一邊拍照。這一次還設計了面具主題，大家準備各種誇張造型的面具，就像在烈日下舉辦化妝舞會。

東部地區因為地形關係，當太陽沒入中央山脈後，天色就慢慢暗下來。大家出發前，就把反光貼紙貼在車身和安全帽，隨著夜幕低垂，貼在安全帽後面的笑臉螢光反光貼紙在夜晚也發揮作用，讓大家更方便跟車。

花東縱谷是中央山脈和海岸山脈之間的狹長谷地，花蓮溪、秀姑巒溪和卑南溪三大水系源頭都來自高海拔，山高水急促成了這裡的峽谷、瀑布、沖積扇，以及斷層等多元地貌。這裡的溫泉是一大賣點，大家在瑞穗的這一晚，體驗了虎爺溫泉，個個大呼過癮，而姊妹們袓裎相見，也成為這次行程的另一項體驗。

第二天起早，歐巴桑騎著機車來到富源森林遊樂區，大家一會兒戴起面具拍照，一會兒嬉鬧，也不知是誰起頭，居然開始上演《後宮甄嬛傳》，秋美扮成皇帝，承英、美卿、惠華、素月等人分別扮起答應、常在、貴妃，在森林遊樂區的廣場上演後宮爭寵的戲碼，為這處充滿綠意的大自然添上大家歡樂的笑聲，還吸引了遊客圍觀，甚至聽到群眾裡有人說，這些人跟自己的媽媽年紀差不多，怎麼那麼年輕，又這麼開放，好羨慕！

雖然車隊都會編組，每一組都有組長照顧組員，祈溱騎在最前面，心裡還是會掛心後面的組員有沒有跟上，其中也包括開保母車的宜芳。

沿路上，祈溱不由自主地看著後照鏡，鏡中的大家穿著亮綠色風衣排成一列，那樣的畫面，美得讓她很安心。

在騎往花蓮市區的路上，車流量愈來愈大，祈溱發現，只要路上有砂石車或聯結車靠近，大家心裡有壓力，騎車的狀況會有一點不穩定，她不斷從後照鏡關心大家。

抵達七星潭並參訪原野牧場之後，返回花蓮市區，這一晚大家留宿的地方，是由隔天要參訪的花蓮基督教女青年會介紹他們輔導的外籍姊妹和先生一起經營的民宿。

一提到花蓮，許多姊妹都會想起這裡是曉鸞的娘家，有許多姊妹非常想念她。上次台東機車行出發前的行前會議，還特別請她回來分享經驗。這次的行程來到她的娘家花蓮，也與她聯絡上，她人在高雄，正好也要回花蓮一趟，於是和大家約定在月洞會合。

台灣西岸的夕陽很美，然而住在東岸，當然就是看日出。第三天，歐巴桑起個大早，騎車到七星潭想要追日出，可惜天公不作美，不但日出沒看到，天空還烏雲密布，看樣子，今天應該會是個雨天。

吃完早餐，前往花蓮基督教女青年會進行參訪交流，彩色頁的姊妹訴說著自我突破的經驗，現場的外籍姊妹也分享她們來到台灣的心路歷程。聽了這群外籍姊妹堅強地在這片土地生根，歐巴桑既心疼又佩服。

結束了交流行程，車隊從花蓮市區要返回台東，這時秋美的機車居然又拋錨了！而且偏偏遇到星期天，大部分的修車行都休息。

祈溱和大家討論了一會兒，因為事前就與曉鸞約在月洞見面，為了不耽誤大家的行程，她帶著車隊依照行程繼續前進，宜芳則開著保母車陪秋美找修車行，等秋美修好車後，再由保母車陪同，前往月洞和大家會合。

在花蓮，星期天要找有營業的修車行真是難上加難！開了幾條街，都沒看到有機車行開門營業，繞了近半小時，宜芳終於看到一家鐵捲門半掩的修車行，大家覺得應該沒有營業，不過她顧不得店家做不做生意，就直接衝上前敲鐵門，呼喊：「老闆娘！我們有一台機車抛錨了，妳能不能幫我看一下？」

秋美把機車牽到修車行，老闆娘拉起鐵門，看到幾位歐巴桑站在門口，還牽著一部機車要來修理，她面有難色地說：「我們今天休息耶，沒有師傅上班，妳們明天再過來吧！」

宜芳向老闆娘解釋，她們是一群來自高雄的歐巴桑，騎機車到花蓮，晚上還要騎回台東。老闆娘一聽到這群歐巴桑大老遠從高雄而來，勉為其難地答應看一下車況，然後搖搖頭說：「這部機車我沒辦法處理，一定要請師傅過來修。」

老闆娘打電話給休假的師傅，打了好幾通，師傅都沒接，她又打給其他的師傅，終於接通了。只是，從她言談之間，感覺電話那頭的師傅似乎不想過來。

老闆娘在電話中不斷遊說師傅：「她們大老遠從高雄過來，還是一群歐巴桑，騎到半路遇到車子拋錨，你就過來幫忙一下，不要讓她們回不了家。」師傅被說服後，睡眼惺忪來到修車行。原本是個可以好好休息的星期天，卻被叫來「加班」，他的臉色不太好看。

不過，當師傅發現這一群歐巴桑特別挑戰騎機車來花蓮，他便和老闆娘一樣，不斷跟她們聊這一路上騎機車的話題。在一旁的介言老師看著老闆娘問得很仔細，開玩笑問她：「老闆娘妳問那麼清楚做什麼？」

老闆娘回答：「我開修車行修了這麼久的車，我自己也很想騎去環島啊！但是一直都沒有機會去做，因為沒有人要陪我騎。」

修好機車後，秋美立刻從花蓮市區出發，追趕落後的行程。一路上從小雨變大雨，縱然她心中害怕路上發生危險，但是更不希望行程因為自己的機車出狀況而拖延。

原本在秋美後方押車的宜芳，看著她在大雨中奔馳，知道她心中的焦急，卻也擔心她的安全，趁著停等紅燈的時候，提醒她不必心急。

「秋美，妳放心，大家都會在月洞等妳，我們平安到達最重要。」宜芳原本開車在秋美後方護送，現在則繞到秋美的前方，為她開路。

祈溱帶著車隊騎在花東濱海公路上，大夥在芭崎瞭望台拍照拍得十分過癮。

由於沿途紅綠燈不多，路程稍長，碧修騎在路上突然恍神打瞌睡。

幸好大家在行前會議都預先想好了應對方法：姊妹如果看到前車有異狀，就按喇叭提醒；如果真的騎到太疲累，這時候組長會就近找地方讓大家休息。

從芭崎到月洞的路上開始飄起雨來，歐巴桑穿上雨衣，雖然在雨中騎車有些不方便，卻不減大家的遊玩興致。

曉鸞穿著一身專業的自行車衣，騎著單車，從高雄到花蓮月洞和姊妹們碰面。她掛著自信的笑容，談笑風生，分享彼此的生活近況。

曉鸞說，經過了機車環島的體驗後，她開始走遍全台灣的大街小巷，而且改騎單車，順便訓練自己的體力，「一開始，我都選大馬路騎，然後慢慢的，我開始選小路騎，如果今天騎到迷路了，我反而很開心，代表我又可以開發一條沒走過的路。搞懂它，我會覺得又是一個收穫滿滿的經驗！」

曉鸞這些年會從高雄騎單車到花蓮，陪伴家人之後北上，再往南到台中，探望小兒子，之後再去台南，探望大兒子。因為騎遍了大街小巷，有朋友想安排出遊計畫，都會先聽過她的建議，慢慢地，曉鸞有了策劃旅遊行程高CP值的名號。

她說，有一次接到鳳娥打來的電話，鳳娥說想找以前一位育幼院的老師找了好久，沒想到居然會在臉書上碰到，得知育幼院老師住在花蓮，鳳娥想去找他。

於是，曉鸞計劃好路線，和鳳娥約好時間，帶她前往花蓮找老師。曉鸞說，那天兩人清晨五點集合出發，一路上騎著車，看到喜歡的地方就停下來休息、拍照。

鳳娥沒向老師提及自己是從高雄騎機車去找他，老師知道後嚇了一跳，佩服鳳娥的勇氣，曉鸞也因此和老師成為朋友。

大家在月洞聊著天，秋美和宜芳也順利到達和大家會合，姊妹們團聚話家常，好像回到當年的時光。

只是快樂的時光過得特別快，不知不覺天色也慢慢暗了下來，大家往南到下榻的旅館還要趕路，而曉鸞往北回到花蓮娘家也有一段很長的路，更何況她騎單車，中途勢必得找旅館休息。姊妹們妳一言，我一語，關心曉鸞一個人要怎麼回去的安全問題。

「曉鸞，妳有沒有規劃行程呀？」

「曉鸞，妳晚上的住宿訂了嗎？」

「曉鸞，這麼晚了妳一個人騎車不會害怕嗎？」

面對姊妹們七嘴八舌對她的關心，曉鸞拍胸脯說：「這裡是我的故鄉，我不會迷路啦！而且我走到哪，就在哪裡安頓，大家不用擔心啦！」

大家問她一個人騎山路不會害怕嗎？她露著微笑說：「我相信我自己。」她的臉上掛著自信的微笑，沒有一絲一毫的不安，轉身騎上單車，往前方人煙稀少的鄉間道路前進。姊妹們看著曉鸞的身影漸漸消失在夜幕低垂的道路盡頭，個個靜默不發一語。

曉鸞的轉變，讓姊妹們都驚呆了，還有人不斷問介言老師：「老師妳不擔心嗎？曉鸞這樣一個人回去安全嗎？路上出什麼狀況，她一個人可以應付嗎？」

介言老師想起曉鸞前幾年在彩色頁時的模樣，從進彩色頁的柔弱無依沒自信，對比現在的泰然自若，感動得紅了眼眶。

曉鸞離開彩色頁之後，除了和幾個姊妹偶有聯絡，有一段時間她刻意讓自己不去想起在彩色頁的一點一滴。這一次又和姊妹們重聚，她回頭看那些自己曾經感受的委屈與挫折，甚至想起了原生家庭帶給她面對權威時必須服從的個性，如今她豁然開朗了。想到當初的自己，現在的她只想對自己說：「謝謝妳，曉鸞，辛苦了！」

揮別曉鸞後，歐巴桑們接續行程，一路騎機車到台東長濱的民宿。這時候已經天黑，往民宿的路上幾乎沒有路燈，在一片黑暗中，大家摸黑騎這段山路，心中有點害怕。不過，車隊各小組互相照顧，發揮功能，後車給前車照明，彼此相互等待，終於安全到達。

隔天一早，民宿的餐廳出現大排長龍的景象。碧修說，這間民宿煮的稀飯特別好吃，大家吃過之後讚不絕口，一碗吃完，欲罷不能再吃一碗！碧修心想，以後要是有機會再來到台東，一定要再住這裡一次，品嚐民宿主人準備的稀飯。

長濱這家民宿的風景十分漂亮，有一片廣闊的草原，又可以眺望太平洋海景，大家吃完早飯後，聚集在草原上開始拍照嬉鬧，這時候歐巴桑又拿出面具，在草原上玩起了面具趴，有的人擺出婀娜的姿態，有的人展現神祕的魅力，人人戴上面具展現自我風格，在鏡頭前拍照拍個不停，還在草地上追逐，彷彿回到少女時代一樣自由自在。

離開民宿之後，大家來到長濱鄉原住民族家庭暨婦女服務中心進行交流，認識了台東縣天主教愛德婦女協會執行長唐修女，她多年來關懷原住民部落婦女的過程，讓姊妹們看見為了服務、扶助展現出的女人韌性。

結束參訪後，大家在前往台東車站的路上經過東河包子，不忘採買這個在地名產；之後在「小魚兒的家」咖啡廳進行分享會，大夥兒一邊喝下午茶、一邊看海，一邊聊著這四天行程的點滴。

和真提到自己報名時，就聽說大家對機車行很有經驗了，活動會安排得很好，大家會彼此照顧，讓參與的人很放心，她形容這一趟行程，體驗姊妹們果然都很體貼，真的就像回到自己娘家一樣。

不過，姊妹們也開玩笑說，她沒來參加行前會議，是大家對她的信任，要相信她不會因為沒來開會而狀況外，給車隊添亂。

而她也提到曉鸞，很有感觸地說：「昨天看到曉鸞，感覺到她的內心有一股淡定，那一副似乎無所謂在路上可能遇上的風險，和本來的她不一樣了。」

宜芳接著說：「還記得曉鸞在規劃恆春機車行時很緊張，但是她居然可以自己場勘了六次，把這件事做得那麼仔細，可見她是很有能力的；之後聽說她還會幫朋友規劃旅遊路線，我感受到這幾年的歷練讓她長出了自信。」

介言老師也有感而發說：「幾年前她來到彩色頁時，沒有像現在這麼有自信。那時候她的依賴性也比較高，如今再看到她，她不再害怕那些不確定的事。換做是我們，如果沒規劃路線、沒安排住宿就出遊，心裡其實會擔心，不過她這次說走就走，隨遇而安，看起來是很篤定的，真的很不一樣。」

第一次參加機車行的恆卉，帶著小姑玉盤一起參與，在這次的行程中也見識到瘋婆子瘋起來的樣子。大家最難忘有一天清晨在做早操時，玉盤以十分熟練的舞步跳著〈小蘋果〉，沒想到看來孤僻冷面的她，居然把舞步記得這麼熟練，跳起舞來還這麼放得開。

家淳參與了兩次的機車行，形容自己和過去相比，人生變得比較積極，她說：「以前想到要做什麼事時，可能覺得懶，或是覺得沒那麼急迫，想說改天再去做就好；心裡可能有很多的想法，但是到頭來要諸付行動時，並沒有那麼容易。」

家淳以前根本不可能騎機車跑去很遠的地方，但是現在，她可以為了想吃一樣美食，立刻騎著機車，不在乎路程得騎多麼遙遠，照樣衝去買。

家淳想起之前失去先生的日子裡，雖然身為人母，盡責地照顧孩子的生活起居，但是那一段失去先生依靠的日子裡，其實都是孩子在關照她的情緒，「我覺得這樣子不行，我的人生應該要更積極。」

她說：「現在的我，想到什麼就會去做，因為我想，如果今天不去做，會不會就沒有明天了。」

第六章

二〇一六年　高雄—台中

我能勇敢，是因為戰勝恐懼

每一次的機車行，沒有參與的姊妹都會在出發當天到現場支持這些飆風女騎士。不管是二〇一三年的恆春機車行，還是二〇一四年的台東機車行，素霞都到場為她們加油打氣。

她看著幾位姊妹在出發前接受媒體採訪時，臉上的表情是興奮大於緊張，尤其看到行動不便的碧修，還可以跟大家一起騎機車趴趴走，她想到很久以前和先生開車去墾丁旅遊，屏鵝公路上的車子多，車速又快，她覺得這群歐巴桑實在是太勇敢了！

素霞個子不高，說話語速稍快，有時候戴起老花眼鏡，看起來頗有為人師表的模樣，其實她是從國稅局退休；從她的眉宇之間，看得出來年輕時是個機伶的女子，就像金庸筆下的黃蓉似的，其實她出身自台南官田的農家。

素霞的爸爸只有國小畢業，媽媽不識字，她小時候常聽到一句台語：「青盲牛不識字才會翻田土。」因此，在爸媽的觀念裡，只要女孩子會讀書，就一定要努力讓她升學。

素霞求學路順風順水，考上了台南女中、逢甲大學，畢業後又考上高考，當了公務員。她記得媽媽鼓勵她求學時說：「拿筆會比拿鋤頭重嗎？」也很慶幸當年爸爸採納身邊好朋友的建議：「飯每個人都要吃，女兒如果真的很會念書，就要好好栽培。」要爸爸別為了省學費而讓女兒失去念書的機會。

素霞有五位兄弟姊妹，爸爸在地方上善於交際、廣結善緣，許多村裡大小事會請爸爸喬事。在她年輕時，公所、農會的人有需要幫忙時會找爸爸，像是台糖甘蔗田採收需要人力，爸爸就會幫忙找工人；工人會聚在家裡泡茶聊天，媽媽就在廚房準備點心招待他們。

此外，素霞爸爸的廚藝還不錯，村裡有婚喪喜慶時，爸爸還會兼差做「屠煮」（台語，意同「總鋪師」）辦外燴，爸媽就這樣養活一家八口，讓家裡的小孩都可以順利升學。

她記得念初二時，放學都要到田裡牽牛回家，每每看到牛的雙眼布滿血絲，回家路上最怕遇到其他牛隻迎面而來，她必須把牛頭壓得低低的，否則讓牠們一對上眼，大街上立刻上演鬥牛戲碼，她身型這麼瘦弱，根本壓制不了蠻牛的衝動，甚至可能身陷危險。小時候對牛的恐懼，深深烙印在素霞心裡。

看著彩色頁裡的姊妹挑戰騎機車環島，素霞想起了《不老騎士》紀錄片，七、八十歲的歐吉桑騎重機環島，還在半路住院，她覺得這群人真的好勇敢。

她看著姊妹們也像不老騎士一般勇敢，很有感觸地問自己：「我有辦法為自己冒險一次嗎？」

素霞回想自己第一次考上機車駕照，是嫁來高雄生完孩子後，因為工作的關係，原本騎自行車或是搭公車上班的她，必須改騎機車上班。當時她買了一部小五十機車，還請先生帶她到高雄市車子比較少的同盟路上練騎。

每當騎車上班，經過高雄市民權路的大路口，那是她最緊張的時候，她雙手握著龍頭，時速最快只有三十公里，雙眼盯著紅綠燈，只要快到路口時燈號轉黃燈、紅燈，她馬上煞車停在路口。看著後方的機車一部一部呼嘯而過，她覺得納悶：為什麼大家都這麼衝？

有一次她把機車騎到修車場保養，師傅好奇問她：「妳是不是都騎很慢？」素霞回說：「我都騎時速三十公里呀，這樣有算很慢嗎？」師傅聽完告訴她，如果她騎車速度一直這麼慢，以後機車車速就上不去了。

只不過，她如果要參加彩色頁機車行，時速得要到五、六十公里才行，而且還不能騎五十C.C.的輕型機車。

二〇一四年她和先生聊到了彩色頁的姊妹騎機車到台東，她的先生林大哥告訴她騎山路很危險，而且砂石車很多，林大哥心想，她時速只能騎三十公里，怎麼可能跟得上姊妹們的車隊。

每當彩色頁辦公室裡的人聊起了機車行的點滴，素霞在場時一定會在一旁聽她們分享，然後像好奇寶寶一樣發問。介言老師看她每一次都聽得津津有味，而且還不斷發問，於是故意刺激她說：「妳問那麼多問題幹什麼，反正去就對了！」

二〇一五年花蓮機車行，素霞因為女兒出嫁，沒機會報名參加，當歐巴桑們聚在一起討論花蓮行時，素霞還是只能當一名聽眾。直到二〇一六年，彩色頁決定往台中前進。這次不再是走東部的山路，不再和砂石車搶道，素霞心想：這次我總該可以參加了吧！

她回家後徵詢先生的意見，林大哥一口否決她，他知道素霞騎車騎不快，擔心她會在路上遇到危險，沒辦法反應，不同意她參加。

素霞心中雖然有擔心、有害怕，但是每一次機車行看到十幾位姊妹都快快樂樂出門，平平安安回來，她們都不怕了，自己究竟在擔心害怕什麼？讓自己裹足不前的原因是什麼？

素霞平常的休閒活動會去爬柴山，她有自己習慣走的登山路線，有時候看到一條不曾走過的岔路，心裡會很好奇，那條路究竟會通往哪裡？她有時候會有冒險的想法，想去走那條沒走過的步道，但要是路上都沒有半個人，她一個人也會因為恐懼而放棄冒險。

因為這件事讓她發現：「勇敢並不是不恐懼，勇敢是戰勝了恐懼。」她覺得，要把冒險的想法化為行動，在於勇敢要戰勝恐懼。素霞這一次勇敢說服了先生，請他帶著她先試騎看看。

素霞在先生和孩子的陪伴下，騎機車到台南，從奇美博物館到母校台南女中。她人生的第一次機車旅遊，突破時速三十公里的自我設限，她說：「騎到時速六十公里時好像在飛！」先生最後終於首肯讓她報名參加機車行。

彩色頁歐巴桑完成了東部的機車行，二〇一六年首次規劃西部的行程就來到台中，碧修心想，高雄到台中來回一趟將近四百公里，如果可以只騎單趟，就能再往北騎到桃園或台北，甚至可以直接到基隆，離環島拼圖又更近一點，那該多好！

由於彩色頁機車行一年一年傳出口碑，也使得每一年的招募活動愈來愈競爭，幾乎一開放報名就秒殺。

連續兩年，在機車行出發前都會揪團試騎，這項活動漸漸形成了一種慣例，就像是「新生訓練」一般。這次祈溱參與了試騎，和瘋婆子姊妹帶著「新生」碧玟、順芳和秀芬前往台南。

笑聲爽朗的碧玟，因為參與讀書會而認識了本娜，成為彩色頁讀書會的成員。上課上了一年多，聽到彩色頁有舉辦歐巴桑機車行的活動，她心想：「好酷啊！《不老騎士》都可以騎機車環島，現在有歐巴桑騎機車凸台灣，我怎麼可以不參加！」

碧玟給人外向活潑的印象，實際上的她對於自己沒做過的新鮮、新奇事物都充滿好奇心，很有興趣嘗試。騎機車出遊對她來說是一件很酷的事情，她以前從來沒有挑戰過，特別邀約嫂嫂順芳一起做伴，順芳也對騎機車很有興趣，很想嘗試看看，但是先生卻有點擔心。

碧玟的哥哥一聽到太太要和妹妹參加機車環島，自己也想去，於是問碧玟：「我可以和順芳一起參加嗎？」

碧玟知道機車環島這件事燃起了哥哥的熱血，但她還是回絕了哥哥參與，告訴他這是一場女性追求自我突破的聚會，男人不能報名參加。

另一位第一次參加機車行的秀芬，二〇一五年遭逢婚變，女兒人在瑞典，不能陪在媽媽身邊照顧她，只能時常透過視訊關心媽媽。秀芬知道女兒很體貼，也不想讓女兒擔心，她開始參加社團活動，也去做心理諮商，隨時跟女兒報告生活近況，讓遠在他鄉的女兒不必為她擔心。

秀芬來到了彩色頁，聽到每年都會舉辦歐巴桑騎機車的活動，平常以開車代步的她，很少有騎機車的機會，她覺得和姊妹們一起騎機車出去玩是一件新奇有趣的事，很興奮地跟女兒聊起這件事，沒想到，女兒卻覺得騎機車出去玩太危險，不建議媽媽參加。

秀芬聽完了女兒提出許多反對她參加機車行的理由，沉澱了思緒後，心裡只有一個念頭：真的有這麼危險嗎？

秀芬心想，這群姊妹之中，碧修就參加機車行三次，她十分好奇碧修哪來的勇氣，能無畏身體的缺陷，朝著機車環島的夢想前進？秀芬認為碧修參加機車行要克服的困難可能比自己要克服的還多，而且每次看大家回來都收穫滿滿，回憶滿滿，她想要證明自己也可以做到。

於是秀芬特地買了一部機車，並且報考一般重型機車駕照，沒想到居然沒考過，她發現機車路考中直線加速比想像中還難！考了第二次，她才順利拿到駕照。

祈溱和瘋婆子與新成員一起到台南試騎回來，碧玟、順芳和秀芬一路上感覺到被姊妹們照顧，而且在行車之間要遵守的規矩、靠喇叭暗號手勢傳遞訊息，都設想周到。

秀芬回家馬上和女兒視訊分享自己的體驗，把所有的擔心在這次的試騎都一一檢視一遍，並且都獲得解決。女兒聽完媽媽的分享，知道媽媽心意已決，雖然心裡還是擔心，也只能尊重媽媽的意願，提醒她要注意安全。

碧玟趕在出發前夕，把剛買兩年的一百C.C.機車騎到修車行保養。她告訴師傅，自己要和一群姊妹騎車去台中，請他仔細保養，把該換的、該修的一併處理好。

師傅一聽眼前這位美麗的歐巴桑居然要騎機車去台中，驚訝到難以置信，不斷詢問她是什麼車隊、是誰帶團、怎麼規劃。

碧玟一邊看著師傅修車，一邊跟他聊彩色頁的機車行如何規劃，說得師傅對她另眼相待，也滿臉尊敬。

「我一定會把妳的車好好整理，妳去玩的時候多拍一點照片，回來證明妳沒有唬弄我。」師傅跟碧玟約定，從台中回來後一定要再來車行保養機車、報告旅遊心得。

【女人夢想行動實踐】歐巴桑騎機車凸台灣之六

好Young騎士——實踐夢想機車行

時間：二〇一六年十月十三日至十六日

路線：高雄到台中

里程：三九一公里

車隊：十四台車

前導車：祈溱

第一組：承英（隊長）、碧玟、順芳、惠華
第二組：素月（隊長）、家淳、秀芬、素霞、美卿
第三組：恆卉（隊長）、玉盤、碧修、江泉
後勤保母車：宜芳、本娜、介言、曾宇

十月十三日（四）
高雄台鈴展示區—台一線—台南奇美博物館廣場—永康就醬吃私房小廚（午餐）—台十九線—一七三縣道—台十九甲線—鹽水橋南老街—朝琴路（南七四）—南八十—南八五—菁寮老街—荷蘭井湧泉民宿（晚餐）

十月十四日（五）
菁寮荷蘭井湧泉民宿—南八四—台一線—嘉義市島呼冊店（午餐）—台一線—斗南（一五八乙縣道）—一五八縣道—雲七一—雲七四—雲林

虎尾貓咪小學堂—西螺廣興國小—廣興路—農西路（一五四縣道）—溪州大橋（台一線）—彰化田尾公路花園—台一線—花壇中橋街—彰員路—台一線—大度橋—台中烏日學田路—永春路—環中路—台灣大道—黎明路—逢甲9527民宿—逢甲夜市（晚餐）

十月十五日（六）

逢甲9527民宿—黎明路—楓樹社區發展協會（午餐）—黎明路一段三十七巷—高鐵路二段—學田路—台一線—台十九線—彰鹿路—彰濱鹿港工業區台灣玻璃館—台十七線—雲林麥寮施厝村—興安路—一五六縣道—雲九—褒忠國中—台十九線—朴子大橋—嘉義船仔頭天賞居民宿（晚餐）

十月十六日（日）

船仔頭天賞居民宿—船仔頭藝術村—一六八縣道—台八二線—彩霞大道—東石漁人碼頭—台十七線—一七二縣道—布袋英賓海產（午餐）—

台十七線—台南北門遊客中心—井仔腳瓦盤鹽田—台十七線—北汕尾三路—鹿耳門大道—四草大道—安北路—安平風車咖啡—台十七線—高雄楠梓7-11歐士盟門市

參訪組織：台南菁寮社區發展協會、台中楓樹腳社區發展協會、嘉義獨立書店「島呼冊店」、嘉義市婦女福利服務中心、嘉義市欣願福利協會、嘉義市新住民家庭服務中心

與特殊的女人對話：楓樹腳社區發展協會江鳳英、船仔頭藝術村謝大姊、嘉義市島呼冊店林詩涵、嘉義市婦女福利服務中心社工督導蕭詩怡、嘉義市欣願福利協會總幹事陳玉玲、嘉義市新住民家庭服務中心督導許淑芬

十月十三日上午，彩色頁歐巴桑一人騎一部機車，整裝待發。好姊妹

與親友也到場為歐巴桑加油，其中包括了順芳的先生，也就是碧玟的哥哥。

他看到同行的車隊裡有男生——碧修的先生江泉，心想自己是不是被妹妹騙了？一看到介言老師，便向她抱怨：「為什麼我不能參加？」介言老師被問得一頭霧水，回他：「誰說你不能參加？」碧玟哥哥指著妹妹鼻子告狀：「她不讓我參加！」碧玟見狀和順芳在一旁偷笑，這一對姑嫂連成一氣出遊，當然不想讓這位男人參與。

歐巴桑機車團出發後，一路來到了台南奇美博物館拍照，午飯後到達月津港親水公園，逛逛橋南老街，優閒地喝個下午茶，接著便驅車前往菁寮下榻的民宿。

一路上晴空萬里，有幾位第一次參加的歐巴桑怕曬，等紅燈時就停在陰涼處，其實彩色頁機車行早有規定，車隊出發後大家不要在等紅燈時躲太陽。參加過多次機車行的惠華個性比較直率，看到有歐巴桑不守規矩，會主動上前糾正，卻惹得對方不開心，覺得她管太多。

菁寮社區因為紀錄片《無米樂》而成為觀光景點，在社區居民協力進行社區營造下，讓遊客來訪時，得以回顧台灣早期的農村文化。除了紀錄片，還有多部台灣戲劇也在此處拍攝，帶動菁寮地區的觀光人潮。

歐巴桑們來到這裡，不但和《無米樂》主角崑濱伯合照，在社區規劃師黃永全的導覽解說下，歐巴桑個個聽得入神，還踴躍發問，黃永全感受到大家很認真想要了解他的故鄉，愈說愈起勁。

沒想到，他居然招待歐巴桑們體驗菁寮的「嫁妝一牛車」！一頭水牛拖著以花布裝飾過的牛車，牛車上準備了棉被、梳妝台、腳踏車、母子椅等嫁妝，這景象讓歐巴桑們彷彿回到舊時光。

道具都準備好了，這時候瘋婆子姊妹也準備好了。

黃永全在現場指導如何幫新娘、新郎穿古禮婚服「龍鳳褂」，大家想到最適合的人選，就屬碧修和江泉夫婦了！碧玟和宜芳兩人手忙腳亂地幫碧修戴上鳳冠，素月則幫江泉戴上新郎帽。黃永全在一旁叮嚀：「新人的腰帶別忘了，等等拍照要記得縮小腹啊！」

碧玟幫碧修整理鳳冠上的流蘇時，沒注意自己離水牛太近，被牛尾巴掃到身子，她嚇到倒退三步！這畫面被一旁的黃永全看到，解釋說：「這位牛妹妹已經三十幾歲了，她脾氣很壞唷！被嚇到是正常的。」

新郎新娘穿好禮服後，雙雙坐上牛車，體驗古早味的婚禮。穿上鳳冠霞帔的碧修瞬間變得「閉月羞花」，江泉則是笑得靦腆。

黃永全拿起手機播放〈內山姑娘要出嫁〉的歌曲，美卿、碧玟、素霞和祈溱使出渾身解數，以誇張的舞龍舞獅陣為牛車開道；宜芳和秀芬頭上戴著斗笠、手拎著竹籃，化身媒人婆，宜芳更大聲吆喝著：「來喔來喔！來看新娘啦！我們春嬌真好命，今年五十歲才出嫁啦！」

走在前頭的舞獅陣頭隨著音樂搖擺，伴隨現場鬧哄哄的笑聲，街坊鄰居和遊客一個個拿出手機錄影拍照。祈溱還對著牛車上的碧修與江泉說：「你們今天晚上要一起來敬酒！」碧修看著現場熱鬧的氣氛與大家關注的眼神，笑到無法自已，害羞遮臉。

只見牛郎盡責地牽著水牛妹，一人一牛在這個場合中最為淡定，不苟言笑。他說：「我的身分不能笑。」不過，負責導覽的黃永全已經被這群瘋婆子鬧到說不出話來，笑彎了腰。

第二天大家吃完早餐，菁寮老街上的街坊鄰居還在談論著昨天的嫁妝一牛車，是他們見過有史以來玩得最瘋的一團。這群歐巴桑突然變成別人討論的主角，有些人覺得很驕傲，有些人覺得很不好意思，不過，大家都覺得是難得的體驗。

祈溱在這次的台中行安排了許多社區營造的參訪點，菁寮社區是其中一個。她率領大家離開台南後，來到第二個參訪點——嘉義的「島呼冊店」。

島呼冊店的主人是一位科技人敏華與一位社工人詩涵，她們在嘉義一邊透過手作豆腐傳達環保理念，一邊藉由社工專長為在地的外籍姊妹以及學童課後照顧提供服務。

由於詩涵是介言老師的好朋友，因而在這次的機車行中，介言老師為姊妹們安排這一趟參訪行程，同時也邀請嘉義市婦女福利服務中心社工詩怡、嘉義市欣願福利協會總幹事玉玲，以及嘉義市新住民家庭服務中心督導淑芬一起交流。歐巴桑分享自己的經驗故事，也聽到這些不一樣的女人背後的故事，以及新住民如何對抗社會框架，並在台灣扎根的甘苦歷程。

隨後，歐巴桑們前往了雲林虎尾頂溪社區的貓咪小學堂。據說頂溪社區有一隻流浪貓小咪，原本性命危在旦夕，幸而社區居民蘇聖傑的父母及時把牠送醫治療，才挽回了生命，於是蘇聖傑把小咪在社區裡的生活創作成為繪本。

不過，小咪卻逃不過死神召喚，在一場車禍中喪命，而小咪的故事則被記錄在社區的彩繪牆上，成為遊客前來打卡的景點。

我們很幸運地在社區巧遇原創人蘇聖傑，歐巴桑很興奮地圍在他身旁要求簽名合影，蘇聖傑很讚歎這群機車女騎士可以突破年齡、體力上的限制，挑戰自己，因此很樂意答應她們的要求，開心合照。

由於這一天留宿的地點在台中逢甲，結束雲林虎尾的拍照之旅，大夥兒還趕路來到了彰化田尾公路花園進行公益宣導，直到傍晚天色漸暗，才要繼續前往台中逢甲下榻的民宿。

祈溱剛帶領車隊穿過田間來到大馬路上，突然發現宜芳開的保母車沒有跟上，她停在路邊，心裡有點擔心。這時候，車隊停在路邊讓有些歐巴桑不耐煩，太陽就要下山了，到台中還有一段路要騎，覺得祈溱不必為了等保母車在這裡浪費時間，其實可以直接在逢甲會合就好。

不過，祈溱這幾年來和宜芳早就培養了一定的默契，在行程進行中一定會看得見彼此，一定會留下來等待沒跟上的人。因此，面對婆婆媽媽的意見干擾，她內心又十分著急，一時情緒失控，氣到流淚，她心想：「為什麼大家不能好好相信我？我留下來等有我的用意，為什麼不默默支持我就好？」

由於田尾公路花園有許多田間小路，要是不熟悉路況，汽車若誤闖很可能會受困。宜芳開著保母車，原本還跟在車隊後頭，卻遇到了小路，汽車無法通行，讓她不得不繞道。

宜芳繞道後，得想辦法找出路跟上車隊，保母車上有人提議說：「剛剛那條路看起來應該可以走，其實可以不必繞路。」

宜芳說：「開車的人是我，我覺得過不去，所以我要另外找路出去。」

「現在我們找得到路嗎？」

「如果你擔心的話，可以幫我導航。」

「我不會使用導航。」

「沒關係，我可以自己找路。」宜芳憑著自己的印象與方向感找路，雖然有人提議，直接開保母車到台中和車隊碰頭就好，不過，介言老師覺得不妥，「因為祈溱一定會等我們。」她肯定地說。

宜芳花了十幾分鐘，終於看到了祈溱帶著車隊在路旁等待，這時候，姊妹們才相信祈溱的堅持。

台中市南屯區有個楓樹社區，原本擔任教職的江鳳英在楓樹社區從事社區營造多年，她從一開始蒐集家家戶戶廢棄不用的食用油來製作肥皂，進而推廣社區環保工作。她是介言老師早期從事社區營造的朋友，很推崇她從事社區營造的用心與成果。

歐巴桑一行人第三天一早離開逢甲，就來到楓樹社區參訪，除了體驗DIY肥皂外，也參觀了江鳳英為社區打造的誠實商店，不但讓社區閒置空間再利用，結合環保、社區教育與交流的空間，也以沒有固定員工的方式在店裡販售社區商品，讓居民有空時可以來商店維護環境，甚至擔任「誠實店長」服務來來往往的遊客。

江鳳英和姊妹們分享自己對社區營造的奉獻與堅持，笑說自己這一份「雞婆」個性，帶給社區改變的動力，在姊妹們心中留下深刻的印象。

東部的山路有時沒有路燈，而西部沿海也有一樣的狀況。天黑之後，車隊前進的速度會比白天時更慢一些。偏偏每一趟行程都讓大家玩得意猶未盡，並不是每一次都可以順利在天黑前抵達民宿。

結束楓樹社區參訪後，歐巴桑們便一路騎車前往彰化鹿港的台灣玻璃館進行公益宣導，大夥兒稍做休息，就要一路前往嘉義東石船仔頭的民宿，中途只在雲林麥寮短暫停留十分鐘。

隨著天色暗下來，家淳用眼更為吃力，素月騎在她前面，特地想了一個好方法，她把反光貼紙貼在擋泥板上，車燈剛好直接照在反光貼紙上，讓家淳跟車的時候可以輕鬆一些。家淳因為素月貼心想出的這個好方法，確實減低了夜間騎車的不安。

大家要留宿的「天賞居」是一處三合院民宿，祈溱行前接洽時，民宿主人就已告知當晚社區有建醮活動，工作人員要忙著辦桌，無法為大家提供晚餐。不過，祈溱腦筋動得快，和民宿主人商量，大家晚餐吃辦桌菜也可以，於是他們就幫彩色頁留了兩桌。

只不過，鄉下地方開桌較早，歐巴桑們趕到民宿時已經是晚上七點半，工作人員都準備收桌了，就剩兩桌豐富菜餚等著客人到來。大家沒有體驗過在三合院裡辦桌吃晚餐，這一餐，別有一番風味。

最後一個晚上，大家難得在鄉間散步，體驗不同於都市的生活。惠華回到房間，和她同寢的正是第一天被她糾正等紅燈不要躲太陽的新參與的姊妹。她們在房間看電視，卻一直被隔壁房的傳來電視聲音干擾，抱怨隔壁的電視太大聲。

惠華不經意的對姊妹說：「妳們可以把電視調到和隔壁看同一台就好了呀。」同寢的姊妹聽完，覺得惠華的主意很棒、很有趣，當場笑了出來。原本因為糾正騎車規矩而有嫌隙的三人，這時候一笑泯恩仇，原本個性外向活潑的姊妹，解開和惠華的誤會之後，便開玩笑吐槽她：「我那時候被妳糾正時，覺得妳怎麼連我騎車的習慣都要管，會不會管太多？整個晚上就在想，要怎麼惡整妳！」惠華聽完哈哈大笑，覺得這位姊妹十分風趣又好相處。

隔天一早吃完飯，原本前一天安排參訪船仔頭藝術村文教基金會的謝大姊，因為行程延誤，改到今天進行交流。謝大姊談到自己在東石經營社區營造，讓活在科技進步、生活節奏快速的人們，能夠有一處可以拋開負能量、放鬆自己、享受寧靜的桃花源，因此推動農村漫遊與鄉土觀光。

謝大姊在東石推動社區營造的辛酸，讓她萌生退意，然而這群和她年紀相仿的歐巴桑聽完她的努力，不斷給她許多的回應與鼓勵，是她以往從未獲得的回饋，讓她重新有了力量，感覺自己好像還可以繼續推動下去。

祈溱這回安排的參訪，除了婦女團體交流之外，也兼顧旅遊與文化探索。最後一天，大家從嘉義東石返程，品嚐布袋海產，一路經過台南北門、井仔腳瓦盤鹽田，並在安平的台灣咖啡文化館讓大家交流這一次的經驗。

這是彩色頁機車行成功挑戰花東機車行之後，第一次征戰西部公路。大家原本以為西部公路不像東部山路崎嶇蜿蜒，又有大量砂石車，相對來說應該比較好騎。不過，西部市區多，公路的車流量大，沿途的風景又沒有東部的好山好水吸引人，這次台中行的挑戰，歐巴桑覺得並不如想像中輕鬆。但是對於這次安排的參訪與住宿地點，讓大家收穫滿滿。

介言老師從二〇一一年第一次舉辦美濃機車行以來，認為這次在菁寮的過程精采萬分，導覽師告訴她，他帶過許多年輕團體或是學生團體，都沒有這次帶彩色頁的歐巴桑得到這麼多的迴響，也說歐巴桑們是他導覽過許多團體中，玩得最瘋的一群。他很羨慕這群歐巴桑，到這把年紀還可以這麼瘋！

美卿在菁寮玩得很盡興，並且對於導覽師回到故鄉守護自己土地，心生佩服。

素霞在菁寮賣力舞龍舞獅，她說，已經好久不曾笑得這麼開心過，不過最觸動她內心感受的，是在「牛車」出發前，她與牛妹妹的一眼瞬間。

牛妹妹喚起她小時候對牛的恐懼，那天，她與「牛」重逢，很認真地盯著牠看。

「我看著牛，靠牠靠得很近，我很想親親牠，因為覺得牠和我小時候的印象不一樣，看起來好像沒那麼可怕。」素霞哽咽地說著，淚水在眼眶裡打轉。

碧修在菁寮體驗了和江泉的「第二次婚禮」，她說，這是一段令人難忘的回憶。她不但因為機車行結織了許多好姊妹，原本內向的先生江泉，也因為她而拓展社交圈，秀芬看著他們婦唱夫隨，在機車行的過程中另一半能一路相伴相隨，心中十分羨慕！

秀芬完成人生第一次的機車行，四天的參訪做了六次交流，有散光和飛蚊症的她，晚上視力比較差，當車隊行經嘉義東石路段，沿路幾乎沒路燈，那一段摸黑的過程，因為有姊妹們的扶持，降低了她心中的害怕。

她說，經過這次的機車行後，她對自己的能力更篤定，「我本來就是很獨立的人，很多事情我可以一個人完成，但是，有了機車行的體驗之後，我更肯定自己有能力做我想做的事情。這個挑戰除了肯定自己之外，也能讓孩子放心，讓她知道媽媽可以把生活安排得很好。」

很多人都覺得這次的參訪行程收穫良多，素霞就對台中市楓樹社區的江老師推廣社區環保留下深刻的印象；素月在參訪嘉義島呼冊店時，才知道住在台灣的外籍配偶要面對社會的壓力，生活得很辛苦。

惠華和宜芳都對於島呼冊店和船仔頭謝大姊的故事很有感觸，本娜也是，她說：「這趟行程大家在放鬆自己的當下跟不同的族群交流，人就是我們的資源，其實看到謝大姊為地方的努力孤軍奮戰，經常碰到瓶頸，我們很慶幸，彩色頁裡的姊妹情誼讓大家可以一起做事。」

承英和玉盤也對於這次行程中聽到的女人故事，感受到她們的生命歷程都好偉大。和碧玟一起參加的順芳，甚至在參訪行程中數度感動落淚，她認識到許多女性付出大愛，發覺自己的想法卻很小我，認為自己還有很長的路要學習。

碧玟除了很喜歡這次安排的參訪行程外，第一次參與機車行覺得備受照顧，休息得很足夠，也玩得過癮；住得很特別，參訪也有收穫！她覺得這和過往自己出國旅遊的體驗完全不同，出國可以看到不同國家的文化風情，但這次是體驗台灣在地的風土民情，而且認識了許多有趣的姊妹！

恆卉說，原本自己就很喜歡親近大自然的旅遊行程，這次安排三合院裡的住宿體驗，十分新鮮特別。秀芬也覺得，在都市住久了，這趟讓她念念不忘的，是在三合院裡辦桌吃飯，以及飯後在鄉間小路散步的特別經驗。

歐巴桑機車行一年一年舉辦，也是對每個人的體能測驗，秀芬一度看到素霞騎車歪歪斜斜的。承英因為有乾燥症與肌少症，雖然隨身攜帶藥品，但長途騎車也讓她容易疲累，她說：「同寢室的姊妹會虧我，和我住很沒意思，因為都很早睡，沒有什麼機會聊天。」

她也有感於自己的體力不如以往，也許未來無法完成環島夢，但是她很開心，至少現在經歷過。

這次行程有個讓她難忘的畫面——某一天，祈溱帶大家到了一個大路口，不知道應該要上橋還是走橋下，車隊就像「貪食蛇」一樣騎在路上，好壯觀！

惠華參加機車行時，都會先到檳榔攤買結冰水，很多姊妹很好奇，居然檳榔攤有賣這款飲料。惠華說，因為自己的唾腺分泌有問題，必須要喝冰水才有解渴的感覺，輾轉得知檳榔攤有賣結冰水，沒想到卻成為話題。

惠華和家淳一樣，天黑之後視力都不好，這次經過好多沒有路燈的路段，以後還能不能參與，她也不知道，不過她很慶幸自己因此認識了一群姊妹，「至少我經歷過一段多采多姿的歲月，一點都不遺憾。」

大家平安回到高雄，圓滿結束這次的行程。過了幾天，碧玟沒有忘記和修車師傅的約定，騎著機車到修車行，拿出手機的照片，秀給師傅看，證明她真的有和姊妹們騎車去台中。

師傅看了照片，很驚訝地說：「妳們還真的去了！」他還問碧玟，他的老婆有沒有資格可以參加。

碧玟說：「我們有個規定，只要報名參加機車行，每一次行前會議都不可以缺席，大家事先要開好幾次會，一起討論行程，你老婆要參加的話，就要排出時間來開會。」

「妳們的團體聽起來好有規劃性。」師傅的手比出一個大大的讚。

第七章　二〇一七年　高雄—基隆

逆風前進，我沒有遺憾

祈溱從二〇一四年到彩色頁，一共籌備了三年的歐巴桑機車行，大家已經把她當成自己的女兒。

三年前當祈溱還沒來到彩色頁，她只是一個當過眼科助理、餐廳服務員的勞工。如今，她是個可以獨力策劃歐巴桑機車行的社工，在彩色頁學習到的經驗，也讓她能夠在台灣同志諮詢熱線當志工服務時更得心應手，尤其面對家中孩子出櫃的父母時，在諮商過程更能理解家長的感受。

要搞定彩色頁裡的主管，歐巴桑都認為十分不容易，但是對祈溱來說卻不覺得有壓力，她形容：「介言老師就像爸爸，有一家之主的威嚴，會給妳一個大方向，不太管細節；本娜姊就像媽媽，她會給妳溫暖，給妳心靈上的支持，不畏懼挑戰，還會讓妳知道自己不是孤軍奮戰，會陪伴妳，為妳加油；宜芳姊就像是家裡的總管，她很講究細節，要把所有的事情弄個明白，妳搞不清楚，她會把妳教到會。」

祈溱為了愛情從基隆來到高雄，已經夠讓媽媽吃醋了，她很少跟媽媽提到自己在彩色頁的工作狀況，尤其工作內容又是協助一群和媽媽同年紀的歐巴桑，她說：「媽媽有時候不怎麼能理解，我在高雄服務這一群和她年齡相近的歐巴桑，卻把她這位正宗媽媽晾在基隆。」

不過，她知道媽媽很愛她，很依賴她，所以她會每天打電話給媽媽，也會發訊息貼圖關心媽媽，盡量滿足媽媽的需求。

直到她把女友帶回基隆和媽媽見面後，媽媽知道她在高雄有一份工作，有一起生活的對象，她們兩人一起從事社會運動，一起照顧一隻兔子，知道她在高雄也有個「家」之後，對她才比較放心。

隨著彩色頁歐巴桑騎機車凸台灣的環島拼圖就快要達成，這些年，祈溱陪伴這群歐巴桑走在夢想的路上，所以大家決定二〇一七年的計畫是從高雄直接騎機車到基隆，當做是親自護送自己的女兒祈溱回娘家。

秀芬經過上次台中機車行的體驗，對自己的能力更有信心，因此也開始積極打理自己的生活。她從事了許多關於青少年、銀髮族和兒童關懷等相關的公益活動，並且透過舉辦同學會找回求學時的好朋友、好姊妹，聯絡感情。

秀芬會把自己從事的公益活動，透過群組訊息的方式分享給朋友，也因此聯絡上她的國小同學美英。

美英提到國小同學秀芬，回憶那段一起讀小學的時光，兩人並沒有太多交集。在她的印象中，秀芬在學校是成績優秀的好學生，而她形容自己是不愛讀書的野孩子，只要下課鐘聲一響，就立刻衝到操場玩耍。

美英雖然活潑，喜愛戶外活動，但她原本是個不善言辭的人，如果和一群人聚在一起，她往往是默默待在一旁不發言的傾聽者。

美英收到秀芬傳給大家公益關懷的活動訊息，覺得活動內容很意義，於是回傳訊問她：「我可以參加嗎？」

美英穿著一襲優雅的褲裝，紮起長髮，舉手投足間散發典雅不失俐落的氣質。她笑著說自己的「野孩子」性格，上課不愛讀書寫字，喜歡坐在窗邊，看著窗外的藍天白雲做白日夢。

她出身在屏東的農家，十八歲時考到機車駕照，當時她騎的是打檔機車，因為家裡務農所需，檔車的後座可以載很多東西。出社會工作後，她每天從屏東騎機車到鳳山通勤，騎車對她來說根本是家常便飯。

她回想起和先生認識的趣事時說：「他還在追求我的時候，有一天偷偷開車來我公司，打算接我下班。因為我不知情，下班時間一到，我就騎著機車回家，他開車跟著我，跟到高屏大橋，看著我飆車飆到時速八十公里以上。他事後跟我說，他被我騎機車飆車的樣子嚇到，好危險！」

美英的先生家裡是做童裝買賣的生意人，而她出身自屏東農家，雙方家庭背景不一樣。她在婚後盡力學習做一位侍奉公婆的好媳婦，也得學習做一位舉止得宜的老闆娘。直到她懷孕後，先生減輕美英的負擔，讓她安心養胎，日後專心照顧孩子，當一位稱職的好媽媽。

她努力扮演自己在家庭的角色，直到孩子開始上學，有了一點空閒時間，於是參加媽媽成長團體，幫孩子準備營養午餐，但她也沒忘記做媳婦侍奉公婆的本分，出門前先把午餐食材準備好，快到中午時再趕回家做飯。美英就這樣持續多年，媽媽成長團體對她來說，是交朋友、吸收新知的管道。

有一天，美英的手機又收到秀芬傳來的照片和訊息，照片裡秀芬穿著亮綠色的風衣外套，與一群婆婆媽媽騎機車到台中。這畫面讓她看了十分羨慕，過往少女時代騎著檔車追風的青春湧上心頭，她忍不住回訊給秀芬：「我好羨慕喔！我可以參加嗎？」卻一直沒有等到回應。

直到二〇一七年，美英正在國外旅遊的某一天，又收到秀芬傳來的簡訊，她只見到簡訊裡寫了「招生」兩個字，不管三七二十一就回秀芬：

「我在國外，幫我留一個名額，我回去一定報名！」

美英一回台，才發現她報名的居然是彩色頁專線的志工培訓課程，培訓期間長達一年半，心裡想著自己是不是「誤上賊船」。最不喜歡上課的她，在四月上第一堂課時，就想要打退堂鼓。

彩色頁的課程除了老師授課之外，還會讓學員開口分享，這兩件事都是美英不擅長的事。第一次參加又不知道要抄筆記、寫重點，輪到她心得分享時，腦子一片空白，根本不知道要講什麼。

美英當場就想打退堂鼓，只是，當初是她特別請秀芬保留名額讓她報名，如果退掉課程反而對秀芬不好意思。況且，她最想參加的機車行都還沒參與到，想到這兒，美英覺得自己怎麼可以放棄！

直到彩色頁開始招募機車行時，她告訴先生說她想要參加，沒想到先生非常支持她。然而，以往兒子說要和朋友騎機車出去玩，她覺得太危險都不准兒子去；如今，她反過來跟兒子說，自己要騎車出去玩，原先以為兒子會反對，沒想到兒子還幫媽媽的機車做保養，更貼心幫媽媽的安全帽加裝行車紀錄器。不僅如此，在機車上裝飾的車隊標語和文宣貼紙，兒子都幫她處理得好好的。

美英在媽媽成長團體中，有一位年輕媽媽美雅和她感情很好，她們樂於分享彼此的休閒活動，像美英喜歡爬山，曾爬過百岳，她會邀美雅一起爬山；美英參加爵士舞班，也會邀美雅一起；美雅參加打鼓班，就會邀美英參加。

騎機車到基隆，這麼新鮮有趣的事，美英第一個想到的就是邀美雅一起參加。由於美雅很早就認識彩色頁，多年前她曾上過介言老師的課，對老師的印象深刻，因此她也沒多想，只是覺得自己沒有參加過，好像可以嘗試看看，二話不說就接受美英的邀請。

美雅平時比較常開車代步，騎機車的經驗就是像一般菜籃族一樣，時速大概就三十公里。她為了和美英參加基隆機車行，跟兒子借一二五

C.C.的機車。兒子雖然鼓勵媽媽可以多出去外面交朋友，但對於媽媽的騎車技巧沒信心，質疑媽媽平常騎車騎那麼慢，有辦法騎到基隆嗎？還提醒媽媽要記得先考到駕照才能上路。美英也不忘提醒美雅，出發去基隆前，機車要做大保養。

有一天，介言老師受邀到高雄師範大學成人教育中心參與一場大型的培力課程，台下兩百多人分別是來自不同領域的菁英，各有專業。介言老師分享了彩色頁有一群歐巴桑將夢想化為行動，挑戰騎機車環島的夢想，並將這群歐巴桑在過程中相互扶持、歡笑淚水的過程分享出去。身為茶藝老師的柳絮在台下聽得津津有味，聽到介言老師談到瘋婆子的事蹟時，她心想：「我根本就屬於瘋婆子這群人呀！」

介言老師在台上宣傳歐巴桑機車行，看到台下有三、四十人舉手說要報名參加。講座結束後，柳絮立刻衝到介言老師的面前，直接問：「老師，我想要報名環島機車行，可以嗎？」

介言老師看她穿著一身雪白的運動服，褲管側邊鑲有橘色線條，心想這位小姐似乎熱愛戶外活動，於是問柳絮：「妳家裡有五十C.C.以上的機車嗎？」

「我家裡有電動車，平常都開車居多。」

「那妳有騎機車的經驗嗎？」

「沒有騎到外縣市過，騎機車最南到小港，最北到楠梓。」

「為什麼想騎機車環島？」介言老師好奇地問她。

「因為聽到妳演講中說的機車環島姊妹，我覺得她們可以騎，我一定也可以！」柳絮回答。

「不過妳的騎車經驗還不夠，如果要參加機車行，必須要先去試騎練一練。」介言老師沒有馬上答應柳絮可以報名，正好戳中柳絮不服輸的個性。

柳絮心想：「台下三、四十個人舉手說要報名，老娘是唯一一個直接當面跟她說要參加的人，我這樣積極還不夠資格參加嗎？我不服氣！」

會踏上茶藝師之路，柳絮笑說一切都是誤打誤撞。由於她的先生煌泉家裡開水電行做生意，有一天客戶送來一組茶具和茶葉，煌泉心想，如果可以學泡茶，客人來到店裡可以奉茶，好像不錯。

柳絮因此開始研究怎麼泡茶，還跟著一位慈濟師姊學習茶藝，沒想到她很有天分，考上了茶藝師的證照。後來，只要有茶藝相關證照她都去考，有朋友邀她教課，她覺得自己的資歷看起來不夠漂亮，又到福建漳州的技術學院進修茶藝課程，還取得了正式學歷。

不過，她在台灣只有國中學歷，為了能夠銜接大陸學歷，她重回校園讀高中補校，又順利拿到市長獎畢業。她心想，既然都拿到市長獎了，乾脆繼續讀大學，最後選擇在屏東科技大學念社工系。

柳絮身上散發出一種氣場，她形容自己是「沒有什麼她想做卻做不到的事」，為了參加彩色頁的機車行，她吃了秤砣鐵了心，特地買一部機車，連要買哪一種機車，她都仔細衡量。

「我想趁現在還年輕時挑戰騎機車環島，算一算這次買新車後如果騎到報廢，到時依我的年紀應該不會有人讓我再買新的機車了，所以我一定要挑自己最中意的施華洛世奇機車。」

柳絮的直率個性，就這麼對上了介言老師。她特別騎著新車來跟介言老師報告：「我連機車都已經買好了，如果還不讓我報名就真的沒禮貌！」介言老師看著這麼執拗的姊妹，不由得圓了她的想望。

家住燕巢的翠梧，因為在高雄市婦女館上課而認識彩色頁。加入彩色頁之後，有一天看見祈溱在群組發文，招募基隆機車行的飆風歐巴桑，翠梧算算自己正好六十歲，她想給自己一個具有紀念性的禮物，於是報名參加。

召開第一次的行前會議時，翠梧提早從燕巢趕來，煮了芋頭米粉讓大家可以在開會時享用，每位歐巴桑吃了都讚不絕口！

祈溱向大家解說過去舉辦機車行的經驗與騎車規範，翠梧身旁坐著味省和麗美，不相識的三人都是第一次參加彩色頁機車行。

「你有常常騎機車嗎？」翠梧說一口道地的台語，愛交朋友的她先起了頭問味省。

「有啊，我常常騎機車呀。」

「那我們一起去浸水營試騎要不要？」翠梧說。

「要去浸水營喔？浸水營在哪裡？」味省問。

「在屏東，水底寮再進去一點。」

「要什麼時候去？」

「明天啦！說走就走，明天就去啦！」

翠梧行動力十足，隔天清晨四、五點就從燕巢家中出發，和味省、麗美會合。她特別交代味省和麗美不要帶吃的，她為大家準備早餐和午餐。三人到了屏東水底寮，坐在涼亭下休息片刻，享用早餐，十分悠哉。

浸水營古道是清朝時期台灣興建橫跨東、西兩岸的三條通路之一，已有五百年的歷史，又稱做三條崙古道。一九六八年，國防部為了在大漢山頂興建雷達站，而開闢了一條軍車可以通行的「大漢林道」，取代了原有中央山脈以西的古道。

要前往浸水營古道，先從水底寮一路到了新開之後入山，味省、翠梧和麗美原本打算各騎一部機車，不過，麗美的機車太過老舊，味省光聽她的機車發出「噗！噗！噗！」的引擎聲就覺得不太對勁，建議麗美把機車停在山下，三人騎兩部機車入山。

騎往浸水營一路從柏油路騎到水泥路，路面龜裂雜草叢生，有時窄得像產業道路，有些路段看得出曾因坍方而整修過。

翠梧騎著騎著，一個不小心，車輪打滑失去重心摔車，幸好沒有受傷。不過，因為翻車的緣故，火星塞受潮，機車無法發動，三個女人就這麼困在杳無人煙的山區。

生性樂觀又幽默的翠梧眼下無技可施，建議還不如趁著中午時分填飽肚子，於是拿出準備好的午餐「鹹粿」分給大家。

日正當中，產業道路上連可以坐下來休息的地方也沒有，三人只好頂著烈日席地而坐，翠梧嚼著鹹粿，嘴上念著：「嗯，這裡的風景真不錯啊！今天的午餐鹹粿蓋好呷！」一味省和麗美看著翠梧居然還能苦中作樂，覺得不可思議，也被逗樂了。

翠梧突然靈機一動，想說現在要往山下走，理應是下坡，車子雖然發不動，應該可以「滑」下坡。只是山路不像她想像中是一路下坡，她們還是得在半路上推車。

翠梧牽著龍頭，而麗美則在車尾使勁推。在大熱天底下，兩位中年婦女一身狼狽，機車前進的速度出乎意料地慢，這下子三個女人真的不知該如何是好。

這時候，她們在山路上終於遇到了一位原住民經過，他建議其中一位先下山找修車行，請師傅開貨車上來，連人帶車把大家載下山就可以解決。

翠梧聽到路人的建議，發現大家居然沒想到這一招。不過，大家困在山上也好幾個小時了，味省心想，受潮的火星塞應該也乾了吧，於是她請翠梧試著發動機車看看。

翠梧搖晃了一下機車，試著發動，車子依舊發不動。

味省接手翠梧的機車說：「現在只好試試看這樣行不行得通了。」翠梧和麗美兩人一頭霧水，不知道味省要放什麼大絕招。

味省搖一搖機車，口中念念有詞：「南無觀世音菩薩……」過了一會兒，味省把機車還給翠梧：「你再發動看看吧！」

翠梧半信半疑，發了一下機車，沒發動，又試了一次，還是發不動。就在大夥兒萬念俱灰的時候，機車居然發動了！三個女人內心的雀躍與感動，足以淹沒整座森林。

參加行前會議的姊妹們，一直以為味省和翠梧早就是認識多年的朋友。每當翠梧跟大家提到這一場共患難的奇幻旅程，都惹得姊妹們捧腹大笑，大家公認翠梧是「笑長」。

有翠梧的地方，就有笑聲，不過，翠梧其實在燕巢地區經營老人嫁妝（編按：壽衣）的生意有十多年了。她接到往生者家屬的來電，很多都是認識很久的鄰居好友，這份工作也讓她看盡人生百態。

她說：「不要以為家人會因為你為了家打拚了這麼多的田地、這麼多財產而對你依依不捨，這種狀況真的很少見；會依依不捨的都是因為你是這個家的經濟主力，沒有了你，這個家就沒有人賺錢了，大家會沒飯吃，才會哭得依依不捨。所以，真的要好好愛自己，不要以為死了會有人愛你。」

雖然翠梧自己找了味省和麗美「試騎」過一遍，然而彩色頁機車行這次也安排試騎活動，就像是新成員的新生訓練，這次由碧玟帶大家前往美濃，再從佛光山回來。

美雅和美英一起參加試騎時，發現自己必須適應車隊節奏，騎在美雅後面的柳絮騎車技術駕輕就熟，讓美雅很有壓力。她得面對自己車速太慢的狀況，柳絮則必須接受團隊成員在騎車技術上的差異。

騎完這一趟，美雅發現機車環島不像想像中那麼簡單，心中有了擔憂，不知道自己是不是真的做得到。

碧玟依照慣例，出發前又來到修車行，請師傅幫她保養機車。師傅這次聽到碧玟要和歐巴桑騎機車到基隆，又是一陣吃驚。

「什麼？妳們要騎去基隆？那要怎麼回來？騎回來喔？」師傅好奇地問。

「我們騎到基隆之後，把車子託運回高雄，我們再搭火車回來。」碧玟回道。

「好厲害！我這次會幫妳把機車整理好，妳回來之後，一定要再過來讓我檢查一遍，不可以忘記喔！」師傅說。

【女人夢想行動實踐】歐巴桑騎機車凸台灣之七

彩色YA騎士——紫絲帶．攜手反暴力

時間：二〇一七年十月十二日至十五日

路線：高雄到基隆

里程：四四九公里
車隊：十一台車
前導車：祈溱
第一組：碧玟（組長）、美英、美雅、柳絮
第二組：翠梧（組長）、味省、素霞
第三組：碧修（組長）、江泉、鎮謙與月雀
後勤保母車：宜芳、介言

十月十二日（四）
高雄台鈴展示區—台一線—7-11岡燕門市—台十九甲線—台南新市小麥先生創意料理（午餐）—台一線—六甲林鳳營故事館—嘉義北回歸線太陽館—雲林西螺川田府邸民宿—西螺老街（晚餐）

十月十三日（五）

雲林西螺川田府邸民宿—丸莊醬油工廠—西螺大橋—彰化彰水路—台十九線—台一線—彰化市老居工坊（午餐）—台一線—大度橋—台中烏日中山路三段—光日路—黎明路—上安路—逢甲路—有本生活坊—黎明路—中清路—環中路—崇德路—豐原西勢路—台十三線—后里公安路—眉山路—樟公樹—眉山路—甲后路—三豐路—義里大橋—苗栗三義尖豐公路—幸福小築民宿（晚餐）

十月十四日（六）

苗栗三義幸福小築民宿—台十三線—銅鑼彈珠汽水工廠—台十三線—台十三甲線—造橋正穎窯象山桶仔雞（午餐）—台十三線—新竹香山中華路六段（台一線）—新竹市中華路一段—竹北新國社區發展協會—台一線—台三十一線—桃園國際棒球場—領航北路—中山南路—木橫南路—城市商旅航空館（晚餐）

十月十五日（日）

桃園城市商旅航空館—平安路—中華路—國際路二段（台十五線）—新北八里龍米路—關渡大橋—淡金公路—貴族世家淡金店（午餐）—石門婚紗廣場&劉家肉粽—猿人森活與海邊的家Café—基隆火車站（搭火車轉高鐵）—高雄火車站

參訪組織：台中市有本生活坊（照顧咖啡廳）、新竹竹北新國社區發展協會

十月十二日，菲律賓東方海面即將生成輕颱卡努，雖然氣象局預估侵台的機率不高，但是颱風外圍環流與東北季風形成的共伴效應，預估將帶來相當大的雨勢。氣候的不穩定，讓祈溱心中十分擔心。

還好出發當天，高雄市風和日麗，除了高雄市社會局副局長葉玉如為我們加油打氣外，瘋婆子成員中，這次素月因為舞蹈社團公演和機車行

時間撞期而沒參加，承英、惠華、秋美、美卿和家淳，考量到體力還有個人工作因素而沒報名。不過，她們都來到現場歡送大家出發。

這一次成員，彷彿回到了二〇一四年，新朋友還真不少。除了美英和美雅、柳絮和翠梧，味省則拉了嫂嫂月雀和哥哥鎮謙參與。

柳絮因為在屏東科技大學上課的緣故，和行前會議舉辦的時間撞期而無法參加，差點被車隊成員除名。不過，介言老師知道她此行非參加不可，於是滿足她高度強烈參與的慾望，讓她得以騎著精挑細選的施華洛世奇機車亮麗出發。

第一天，大家的目標是一口氣衝到雲林西螺。由於這次從高雄到基隆將近四百五十公里，就怕大家又要摸黑趕路，祈溱安排的參訪沒有那麼多。

到了西螺下榻的川田府邸民宿，祈溱帶大家在西螺老街吃晚餐。第一個晚上，祈溱把大家安頓好之後，自己偷偷外出，但還是被眼尖的介言老師發現。

「我要去附近的廟裡拜拜。」祈溱心中仍掛心著明天會不會遇到大風大雨，祈求神明保佑大家一路平安。

第二天一早，介言老師在臉書貼出一張大家在西螺大橋上吃早餐的照片，原來是民宿主人在民宿裡打造西螺地標「西螺大橋」的縮小版，介言老師的照片還真騙倒了不少臉書上的朋友。

「左轉時要先到待轉區待轉」已經是歐巴桑車隊裡行之有年的規矩，即便到了車流量不多的鄉鎮道路也沒有例外。這次有新成員不顧規定，違規左轉，祈溱發現後很不開心，在休息時特別叮嚀對方，要遵守交通規則和團體的規定，沒想到對方卻回她：「路上又沒有車，有什麼關係。」

「你違規左轉時也許可以很安全通過，但如果後面跟車的人跟你一起轉，又剛好有車子經過，出事了要怎麼辦？」祈溱跟對方講道理，卻被扣上「不尊重長輩」的帽子。

車隊一路騎到了台中市區，前往參訪「有本生活坊」。逢甲商圈原本是年輕人的美食購物天地，「有本生活」卻在這裡經營「青銀互補的照顧」。年輕人可以來這裡工作或消費，店裡也有專業的社工提供銀髮族各種照護諮詢服務。姊妹們在這裡看到經營者的創新服務，餐飲店不只提供用餐喝茶、約三五好友聊天而已，還可以結合長照諮詢等服務，大家覺得經營者很有心。

天色漸漸暗了下來，雲層愈積愈厚，大家在參訪完台中的「有本生活坊」後，祈溱想說是否趁著還沒天黑、還沒下雨時，盡快趕到苗栗的下榻民宿，不過，有些姊妹還是很想依照行程走一趟后里的樟公樹。大家討論許久，最後在有人堅持之下，還是決定前往樟公樹。

后里樟公樹是中部罕見的千年大樟樹，由兩株並生而成的神木，它的枝葉覆蓋面積可達三百坪這麼廣。由於樟公樹盤根錯節、枝葉茂盛壯觀，十分罕見，因而成為觀光景點。祈溱這次帶隊，為了找這棵神木，差點迷路，花了好久時間，才在逐漸暗下來的天色中，讓大家欣賞到這棵千年巨木。

只是老天爺似乎不太給面子，離開后里的時候，風雨變強了。就在準備跨越大安溪時，因颱風外圍環流與東北季風的共伴效應，風勢從中央山脈一路衝向大安溪河谷，可怕的程度遠遠超過二〇一三年歐巴桑騎到恆春時的落山風。

祈溱騎在最前面，橋上的側風吹得她雙腳已經無法安穩地踩在機車踏板上維持平衡，兩腳張開幾乎快接觸到地上，雙手握緊龍頭卻控制不了左右晃動，深怕被強風一吹，重心不穩，她感受到自己連人帶車被瞬間強風吹到飄移，那是她無法克服的心理恐懼，那一刻真實感覺到：「我離死亡好近！」

祈溱覺得橋上狀況連自己都感到可怕了，更何況是這群歐巴桑，所以她告訴自己，一定要盡到帶頭的責任，車速要維持，一路迎風而行。

柳絮面對橋上的狂風，一心只想著趕緊衝過對岸，但是騎在她前面的美雅一下子催油門，一下子又煞車，一下快一下慢，讓柳絮有點失去耐性。

她大聲呼喊：「美雅！油門趕緊催落去就對了啦！」柳絮不斷叮嚀美雅，就怕她停下來後反而會出意外。美雅在這座橋上騎著機車，彷彿經歷了一場人生跑馬燈，強風吹得她幾乎嚇到魂飛魄散。

她知道自己應該加速，但是速度一快，連人帶車就像在飛，她因為害怕又放慢了速度；她早已分不清臉上究竟是雨水還是淚水，只希望這是一場噩夢，趕快從夢中醒來。

驚險之中，歐巴桑們總算是一一過了橋來到苗栗。

前往下榻民宿的路上沒有路燈，路況又複雜，下著雨、颳著風，行程已經延誤了，原本預定好晚餐的餐廳，不斷打電話來催促。原以為大約會延誤半小時，請餐廳稍等，沒想到車隊延誤行程兩小時，餐廳已經準備打烊，只好請店家幫忙打包餐點送到民宿。

一抵達三義山區的民宿，如同經歷生死一瞬間的美雅再也忍不住，抱著美英哭了起來。美英安慰著她，心中卻充滿自責，心想：「邀美雅出來玩，原本是希望她可以開心，沒想到卻讓她這麼害怕，我不知道邀她來是為她好還是害了她？」

車隊行程嚴重誤點，祈溱忙著張羅大家住宿的房間以及晚餐，顧不了大家當下的心情，也沒有時間處理自己的「驚魂未定」。直到大家各自回房梳洗之後，再集合用餐，有的歐巴桑小酌幾杯壓壓驚，祈溱則趁著大家聚在一起時開啟視訊，連線人在高雄的本娜報平安。受了驚嚇的美雅，用完餐後提早回房休息，美英放心不下她，陪著她回到房裡。

她們兩個躺在床上，美雅把心中的害怕向美英傾吐：「今天騎在橋上，我十分害怕，腦中的畫面就是想著兩個孩子，他們在家是不是也遭遇風雨交加？我騎在橋上，一直想著要是不小心從橋上摔落河裡，害他們變成了孤兒，那該怎麼辦？」

北台灣的風雨愈來愈大，第三天一早，祈湊和介言老師的手機不斷湧入簡訊，許多朋友十分關心歐巴桑騎機車的動態，更擔心大家的安危，連社會局長官都打電話給介言老師關切進度，甚至希望大家可以停止行程回家。

祈湊接到各方好友捎來的關心，不斷告訴她哪裡發生土石流、哪裡正在下豪雨，一再一再暗示或明示，希望她可以慎重考慮停止行程。

從三義出發到桃園的路上，間歇性的雨勢對大家來說都是挑戰，有些行程也做了調整。每個成員背後都是一個家庭，要確保成員的平安，祈湊和整個幹部團隊也背負許多的壓力。

當車隊經過一個下坡路段，美雅的機車可能線路出了問題，加速時持續發出刺耳的喇叭聲，嚇得她減速，又因為會跟不上車隊，她又加速，車子又發出刺耳的喇叭聲，美雅束手無策，不知如何是好！

騎在美雅後頭的柳絮再也看不下去，不耐煩地要求跟美雅換車。柳絮騎著美雅的機車，發現她的車真的很不好操控，想到她騎在三義橋上一下快、一下慢的情況，才明白原來和她的車況有關。

美雅騎著柳絮的施華洛世奇機車，才發現原來新車騎起來是這麼順手，自己的車子原來這麼難操控，而柳絮居然願意讓出自己寶貝的新車和她交換，美雅感受到柳絮善良與溫暖的一面，也對作風強勢的她多了一份接納。

平安抵達桃園後，祈溱接到了隔天預訂舉辦分享會的咖啡廳老闆來電，關切車隊的安全，並表示北海岸正下著大雨。老闆說，雖然已經著手準備大家的餐點，但也擔憂大家的安全，如果決定要取消預訂也沒關係。面對難以預估的天候狀況，介言老師決定，觀察一晚氣候變化，隔天一早開會，決定行程是否繼續。

歐巴桑因為不同的人生經歷，面對這一場風雨的挑戰時，心態也不一樣。像是大雨天，必須穿上雨衣騎車，身體的黏膩感十分不舒服，有些原本要去的景點，也會因為下雨天不適合參訪而取消。雨天也增加騎車的風險，行車速度比較慢，還可能發生必須趕路的狀況。這一場風雨，果真踩到了歐巴桑心裡的安全底線。

第四天一早，祈溱在每個整點都會收到媽媽傳來基隆即時天氣的訊息。介言老師召集大家一起討論行程是否繼續，有些人覺得風雨若持續這麼大，沒有必要一定要完成它；有些人覺得雖然有風有雨，看起來是不太方便，但是只要注意安全，也是可以騎完全程。

美雅經歷過橋上的驚魂後，心中掛念著孩子，她贊同取消行程。素霞也覺得，生命誠可貴，有必要拿生命來冒險嗎？

團隊成員接收到許多朋友的關懷訊息，因為新聞報導了一些地方出現豪雨災情。然而車隊在離開三義到桃園的路上，多數人面對風雨的感受，多半只是覺得風雨中騎車不如晴天來得舒適，並不覺得自己的生命受到風雨威脅。

由於大家都奮鬥到行程最後一天了，只差桃園到基隆這一段路，介言老師聽完大家的分享與想法後，問大家：「如果今天我們決定取消，結果風雨也停歇了，就差這麼一段路沒有完成，我們以後回過頭再看這次行程，妳會不會有遺憾？會不會覺得有點嘔，後悔自己當初為什麼沒有堅持下去呢？」

大家經過深思熟慮，最後決定為了不留遺憾，還是出發，但沿途隨時注意天氣狀況，如果風雨增強，為了安全，大家就打道回府。

雖然基隆的天氣預報是下大雨，不過從桃園出發時，雨勢雖大，但仍能騎車。經過八里時，祈溱想起小時候爸媽曾來這裡拜拜，她特地繞到廟裡，祈求老天爺賞給大家一個好天氣！

不知道是否因為雨天的關係，原本車多不好走的八里到淡水路段，居然一路順暢；騎在淡金公路上，祈溱看著左邊的大海，海浪夾雜土黃色的海沙，波濤洶湧，想起在基隆長大的日子，看著浪花，就知道海象有多差。

車隊平安順利抵達舉辦分享會的咖啡廳，慶幸的是沿路的風雨緩和許多。老闆說，歐巴桑們運氣很好，不過，店裡因為前一天的雨勢停電至今，所幸餐點提前準備好了，只有需要用電才能供應的咖啡暫時無法提供。

大家的心情還停留在成功挑戰風雨的喜悅裡，對於停電一點也不在意，沒想到，才沒過幾分鐘，電卻出乎意料地來了，大家更是興奮地說：果然好運！

「還好當初大家沒有決定放棄。」祈溱的心中充滿感動，想著這一路的歡樂、驚險、猶豫、決心，一切的發生都不在她的規劃之中，她心想：「很高興自己可以擁抱混亂，不害怕突發的改變，並且相信團隊一起做的每個決定，相信自己可以迎接每一個發生。」

離基隆火車站剩下最後一哩路，祈溱已幫大家都買好了火車票到台北，再轉高鐵回高雄，就怕行程延遲，錯過火車。

到了基隆火車站，祈溱的媽媽早就等著大家。祈溱一路上就像是歐巴桑的保母，這時卸下工作的她，變成媽媽的寶貝女兒；而歐巴桑們心裡把她當女兒一樣看待，陪著她回娘家，也為她高興。祈溱媽媽看到這群歐巴桑可以築夢、圓夢，心中佩服也羨慕。

祈溱的媽媽還準備了伴手禮迎接這群飆風女騎士挑戰成功，在現場一會兒告訴大家機車託運在哪裡，一會兒又帶著歐巴桑上洗手間，四處為大家張羅大小事的樣子，就跟祈溱一個模樣。

碧修這次參與基隆機車行覺得還不過癮，如果可以從基隆再騎到花蓮，她的環島拼圖就提早完成了！於是她和先生江泉、味省等成員，打算利用時間，在基隆休息一晚後，隔天從東北角騎到宜蘭，再到花蓮。

祈溱經歷了風風雨雨的基隆機車行，也是她面臨極大挑戰的一次，明明看著導航卻迷了路，帶著一整隊人車在巷弄裡轉不出來；在車速超快的路段猶豫著該直走還是下地下道，整群人停在路邊被按喇叭；尤其隊員各有各的個性，有開心也有不開心的情緒，她也要消化自己的情緒，照顧好自己，才能照顧好別人。

她在臉書上寫下了感言：「『了不起』是大家給我的肯定，我自己也這麼覺得！感謝，媽祖一路領航；感謝，Google 一路導航；感謝，自己一路看路況、滑手機、注意團隊的一心三用；感謝，主管安定我的心；感謝，隊友對我的完全信任；感謝，圓滿平安！」

碧玟回到高雄後，隔幾天把機車騎到修車行報到。師傅一看到她，就虧她怎麼這麼晚才來，碧玟聽得一頭霧水，完全搞不清楚發生什麼事。

師傅對她說：「妳去基隆前，我幫妳保養機車時，有高雄應用科技大學的同學來修車，我就指著妳的車跟他們說，這部機車的女主人要去機車行耶，有夠厲害！」

他指著旁邊的客人，又對碧玟說：「這兩位高應大的同學很想知道，究竟是哪一位大姊姊那麼厲害，可以騎機車環島。」

碧玟看著兩位同學，對他們說：「哈囉！同學，看到了本尊有沒有覺得很特別？」

高應大學生很佩服碧玟面對挑戰的勇氣，對碧玟說：「如果我媽媽也可以像妳一樣這麼有活力，我一定支持她。」

這兩位同學其實也想規劃機車環島，修車時聽到師傅提起碧玟，特別想來認識她，想跟她請教如何規劃行程，碧玟也把彩色頁規劃機車行的過程告訴同學。

師傅倒是很好奇歐巴桑怎麼克服在惡劣氣候下勇往直前，碧玟邊演邊說：「我們騎到三義的那個橋上，風好大，整個人都快被吹走了！」

「天哪，那麼刺激啊！」老闆聽得津津有味，碧玟臉上洋溢著得意的笑。

幾個月之後的某一天，碧玟和大家聚會時聊到，有一次發現修車行一口氣店休了一個星期，她有點擔心會不會發生什麼事了。

一個星期後，修車行又營業了，她立刻追問師傅為什麼店休。

師傅笑著對碧玟說：「因為被妳們那群歐巴桑的熱血影響，我兒子十八歲成年禮，我帶他騎機車去環島！」他和兒子一起環島後，才發覺真的不容易。

碧玟十分驚訝又好奇，追問師傅：「是不是很刺激？」

師傅說，兒子騎車騎很快，他跟在後面擔心死了，於是要兒子跟他的車；但兒子騎在他後面，出什麼狀況他也很難顧得周全，簡直快被兒子氣死。但是父子一起騎車環島，對他來說真的是一輩子難得的經驗！

第八章　二〇一八年　環島

我們一起做到了，真爽！

碧修在基隆機車行時沒和大家從基隆搭車回高雄，她和先生江泉與幾個姊妹繼續繞過東北角，要往宜蘭前進，目標是騎到花蓮，完成自己的環島拼圖。

但是，隔天騎到宜蘭時，東北季風挾帶的雨勢太大，她最後只好放棄，搭火車從東部回到高雄。

就差這麼一段路，碧修覺得很可惜，她一定要達成一次真正的機車環島。

在瘋婆子成員裡，碧修是公認最會規劃行程的人，每次她們幾個聚在一起誇碧修辦活動最好玩時，她會趁機吐槽大家：「妳們只要覺得哪裡有好吃的，或是可以開趴瘋一下的，妳們就自己處理；只要碰到要騎機車出去玩幾天，要規劃行程、住宿地點的，都統統丟給我做。」

其實瘋婆子剛組成時，大家有達成一個默契，就是成員要輪流主辦活動，家淳記得就辦了一次小琉球機車行。

她無意間在臉書上看到筠匀在小琉球經營蝶豆花的推廣，於是聯絡她推薦小琉球的景點與住宿。筠匀很有義氣地為瘋婆子安排景點與行程，也抽出時間和這群老朋友相聚。

瘋婆子的小琉球之旅，還特地企劃了「花漾年華」的主題，不但到筠匀經營的蝶豆花田參觀、DIY，回到下榻的民宿，大家還身穿花花衣，開起「花漾年華」主題趴。

瘋婆子幾乎每個月都有聚會，「瘋祕」承英會把大家聚會的影片分享到YouTube網站上，很多歐巴桑看她們每次出遊都很好玩，紛紛想加入她們，但是，瘋婆子有個規定，一定要是參與過機車行的夥伴，還要經過所有成員的審核，全數同意才能加入。惠華說，這麼嚴格的審查制度也讓她們遭受攻擊，說瘋婆子在搞小團體。

不過，碧修覺得，瘋婆子一路從二〇一四年大家相遇之後，從來沒有起過大爭執，大家都有共識與默契，包容每一個人的不同，可以放鬆地做自己，然後分享彼此內心的快樂。

她覺得：「能找到志同道合的人很不容易，我們也害怕人多嘴雜，要凝聚共識會變得愈來愈不容易，所以才有加入瘋婆子必須要審核的共識。」

很多第一次參加機車行的歐巴桑，鼓氣勇氣突破自我的原因之一，就是告訴自己：「碧修都可以參加了，為什麼我做不到？」

面對被歐巴桑當做勇敢突破的範本，碧修看得淡然：「小時候因為身體的殘缺，夢想因此被限制了，但是，現在我只要站出來，就可以帶給別人勇氣，成就別人追夢的力量；對我來說，什麼事都沒做，就可以幫助別人，這樣沒什麼不好呀！」

碧修在小學畢業前，是一位熱中球類競賽的活潑女孩，還是班上的躲避球選手。有一天，她發現自己右腳怪怪的，以為是運動扭傷，去國術館治療後，走路卻還是一拐一拐的，後來爸媽帶她去照X光，發現情況不對，送到大醫院檢查，才發現罹患了骨癌。碧修爸媽找遍了全台灣的骨科名醫，最後得到的答案都是截肢，爸媽十分不捨，女兒自此之後無法在操場上跑跳了。

失去一隻腳的她，哪兒都不能去，她請爸爸去租書店租一些書回來給她打發時間。那段日子，她把自己的心情投射在小說裡，也從書本裡找到力量。

出社會後，碧修因為身體的缺陷，找工作時吃了不少閉門羹。她一度不想再努力了，心灰意冷之下，打算到孤兒院找工作，她覺得同為社會弱勢，對方應該可以理解她在求職上遇到的困難。

不過，她之後想想，如果這麼做，她一輩子都會躲在保護傘下，她覺得還是應該靠自己的能力，努力走進社會。於是她接受朋友的建議，參加銀行招考，順利成為銀行職員；行有餘力，她參與了身障協會的志工服務，認識先生江泉，還報名空中大學進修。

碧修除了上班，還要上空大的課程、做志工，行動不便的她，老是麻煩江泉接送也不是辦法，於是她去考了身障機車駕照，買了一部身障機車，開始可以自由行動。

碧修在銀行掀起整併風的時期選擇優退，投入社工服務而接觸到彩色頁。二〇一二年知道姊妹們騎機車去了美濃、三地門，她提起興趣，想說自己也去參加看看。於是從二〇一三年開始，每年和先生一起參加機車行，更認識了瘋婆子這群姊妹淘。

碧修的先生，江泉，平時沉默寡言，不像太太一般活潑。碧修說，他是一個喜歡待在家的男人，起初她報名恆春機車行，先生還不讓她參加，擔心她騎車遇到危險，但是她十分堅持要參加，江泉不放心，才勉強答應陪她一起去。

第二次的台東機車行，江泉一樣不想參加，碧修依然堅持要去，彩色頁的姊妹們也擔任遊說團，江泉才點頭一起參加。

江泉身為「瘋婆子」裡的唯一男性代表，家淳形容他在瘋婆子的地位是：「我們這一群女人出去，沒有他不好玩！」有一次在美卿辦的瘋婆子旅遊中，回程解散前，碧修才說那天是江泉生日，姊妹淘們一擁而上獻吻，惹得這位靦腆的男子害羞不已，姊妹們卻說：「他是我們的姊妹。」

江泉也因為時常陪伴碧修一起參加活動，漸漸地和姊妹們玩在一起，瘋婆子還虧他，黃湯下肚之後，話就變多了。碧修也向瘋婆子吐槽他：「有時候和別人聊天聊到忘我，放我一個人走，還好還有其他姊妹會照顧我。」

不過，碧修偶爾會碰到姊妹假裝告狀，說江泉和哪個歐巴桑聊天聊得很開心，碧修會開玩笑回說：「他陪我出來玩，也要放一點福利給他。」其實在碧修心中，很感謝江泉可以一路相伴相隨，原本個性內向、不善交際的江泉，也因為這群姊妹的接納與包容，讓他的社交圈不那麼封閉狹窄。

碧修的機車環島夢，一直記得當年曉鸞環島回來分享的經驗：慎選隊友。彩色頁的歐巴桑這六年來累積了許多經驗，介言老師覺得，她們應該可以「獨當一面」，自行策劃環島行程的能力，於是決定，這一次，祈溱交出策劃行程的棒子，放手讓這群飆風女騎士自行策劃、召集規劃、聯繫安排與執行，而這次承擔重責大任的召集人，就落在碧修身上。

祈溱每年規劃的機車行都以四天為基礎，如果環島也要在四天三夜內完成，肯定天天都在騎車趕路，因此，若以一天一百公里來計算，碧修估計環島行程可以規劃到十天。

瘋婆子成員裡，除了碧修之外，家淳也報名參加，並協助碧修規劃這次的環島行程。

素月原本期待可以參加機車環島，沒想到這次又和她的舞蹈班公演撞期。她連續好幾年都是報名完舞蹈班的演出後，機車行才公布行程，發現撞期也不好意思取消舞蹈班演出，所以這次之後，她下定決心，以後都不要參加舞蹈班的演出。

有翠梧和味省的地方就會有笑聲，她們知道碧修策劃環島計畫後便決定要報名，而遠在美國度假的恆卉，還特別打電話交代碧修，一定要等她回來台灣後再環島，她一定要參加。

柳絮參加完基隆機車行回來後，希望老公可以陪她騎一次環島，只是煌泉開業做生意那麼久，要他放十天假不做生意，他辦不到。柳絮好不容易說服了老公一起參加機車環島，就立刻向碧修報名；碧修原本希望這一團都是彼此熟識的人，雖然煌泉和大家不太熟，考量他們是夫妻檔參加，也正好湊滿了八位成員，碧修才同意他們夫妻檔報名。

原本碧修覺得八個人出團環島也夠了，有一天，素霞聽說碧修要辦機車環島，卻一直沒有接到何時報名的訊息，於是向碧修確認。她的老公林大哥剛退休不久，她想邀老公一起環島，素霞就這麼趕上了環島報名的最後名額。

碧修雖然和瘋婆子經常聚會，也辦了不少機車行，但是這次規劃機車環島，雖然有家淳幫忙，她心裡還是會擔心規劃得不夠周到。

第一次開行前會議時，林大哥就帶著筆記型電腦與素霞一起出席，大家把心中想去的地點丟出來討論，這時林大哥拿起筆電，輸入大家想去的地點，拉出路線，算出里程。大家都沒想到，林大哥一出手，路線討論不再是憑空想像！

碧修發現林大哥幫了很大的忙，也希望他可以分擔一些自己的壓力，於是請他在車隊行進時協助帶隊，而林大哥一口答應，碧修也鬆了一口氣。

只是，碧修擔心的，和很多歐巴桑一樣，蘇花公路在她們的心裡有個很難突破的心理障礙，車流量大、砂石車多，機車要如何在路幅不寬下安全行駛不驚慌？

碧修和江泉曾經開車走一遍蘇花公路，她還特別上臉書加入社團，向網友發問機車行經蘇花公路的注意事項，沒想到收到幾百封訊息，讓她感受到網友的熱情相助。

她綜合了網友的意見，決定選擇車流較少的清晨上路，因此，前一晚就安排離蘇花最近的住宿點留宿。

【女人夢想行動實踐】歐巴桑騎機車凸台灣之八

時間：二〇一八年十月二十五日至十一月三日

路線：環島

里程：一一二一公里
車隊：九台車
第一組：碧修、江泉、素霞、林大哥、家淳
第二組：柳絮與煌泉、恆卉、翠梧、味省

十月二十五日（四）一五九．一公里
高雄市勞工公園—台十七線—屏東枋寮車站—台一線—台九線—雙流
全家超市—台東大武車站（午餐）—都玄天宮—太麻里千禧曙光紀念園
區—金峰吉廬夫敢藝文民宿（晚餐）

十月二十六日（五）一一四公里
金峰吉廬夫敢藝文民宿—太麻里車站—櫻木花道平交道—台東大學圖
書資訊館（知本校區）—台東森林公園—加路蘭海岸（午餐）—都蘭—
都歷海灘—比西里岸部落—石雨傘—長濱老街（晚餐）—長濱湖光山色

民宿

十月二十七日（六）一四五・八公里

長濱湖光山色民宿—金剛大道—花蓮豐濱親不知子天空步道—星巴克洄瀾門市—東華大學（午餐）—花蓮市訪友（晚餐）—新城老街民宿

十月二十八日（日）一三三公里

新城老街民宿—崇德休息站—清水斷崖—宜蘭南澳農場—粉鳥林—南方澳漁港（午餐）—豆腐岬—羅東林業文化中心—幾米公園—宜蘭國軍英雄館—宜蘭市區（晚餐）

十月二十九日（一）九七・四公里

宜蘭國軍英雄館—礁溪溫泉公園—台二線—烏石港—石城舊隧道口—新北貢寮三貂角—福隆車站（午餐）—靈鷲山—鼻頭角—南雅奇石—象鼻岩—基隆八斗子（晚餐）—女巫國際背包客民宿

十月三十日（二）四八・四公里

女巫國際背包客民宿—八斗子漁港—和平島公園—佛手洞與白米甕炮台—新北阿嬌萬里蟹（午餐）—野柳—陽金公路（台二甲線）—八煙聚落—金山老街（晚餐）—湯語双泉會館

十月三十一日（三）四〇公里

湯語双泉會館—富貴角燈塔—石門婚紗廣場—三芝一〇一縣道—北新路—淡水石牆仔內李氏古厝（午餐）—無極天元宮—紅毛城—真理大學—淡水老街（晚餐）—中華電信淡水會館

十一月一日（四）一二五公里

中華電信淡水會館—關渡大橋—龍米路（台十五線）—八里婚紗廣場—新竹新豐採柳絮兒（午餐）—苗栗通霄白沙屯拱天宮（晚餐）

十一月二日（五）八七公里

苗栗通霄白沙屯拱天宮—台中高美濕地—彰化鹿港老街（午餐）—彰濱玻璃媽祖廟—鹿港天后宮香客大樓—鹿港老街（晚餐）

十一月三日（六）一七二公里

鹿港天后宮香客大樓—雲林口湖濕地—台南七股（午餐）—高雄凹仔底捷運站—賦歸

十月二十五日，碧修帶著九位歐巴桑、歐吉桑，一早從高雄市勞工公園出發，介言老師與彩色頁姊妹也在場為他們鼓勵加油。

煌泉雖然放心不下工作，最後拗不過老婆柳絮，還是不情願地勉強答應陪她環島。也許和這些姊妹都還不熟，所以他從一開始就板著一張臉，面無表情騎機車載柳絮，還時常透露「隨時可能臨時有工作先回去」的訊息，大家和他相處起來都有一種距離感。

回想祈溱規劃的每一場機車行，最重要的安排就是加油站與上廁所的時間。而環島行第一天的路程要騎將近一百六十公里，當大家過了枋寮、楓港轉進台九線，一直到雙流，家淳和恆卉發現，機車油表指針已經停在紅線上。

大家沿路只要見到路人，便詢問最近的加油站，然而這一路上必須到達仁才有加油站，家淳和恆卉心裡十分焦慮，就怕騎到一半沒油會受困山中。

煌泉看到她們心裡焦慮，便走到家淳和恆卉的機車察看一下油表的高度，鬆了一口氣說：「油還夠啦，免煩惱啦！」

家淳和恆卉半信半疑，但是總不能不繼續往前進。她們倆一路騎得戰戰兢兢，總算撐到了達仁，趕緊到加油站加油。

東部的天氣不像高雄晴朗，偶爾天空會飄起小雨。午後，一行人來到了曙光公園，吹著海風小憩。這裡有一座涼亭，正好有位老翁坐在那兒乘涼，看到這群人走來，也和大家話家常。原來，這名老翁已經是百歲人瑞了，每天都會來這裡乘涼。在老翁面前，這群飆風騎士各個都成了少男、少女，老翁笑呵呵地對他們比「讚」。

第一晚落腳太麻里的「吉盧夫敢藝術民宿」，這裡原本是排灣族頭目的住所，後代接手的子孫保留了長輩的工藝作品，打造成為具有濃濃排灣族文化的特色民宿，民宿主人親自接待大家，導覽民宿內的原住民文化作品。

第二天起早，東海岸陽光普照，大夥兒在民宿所在的撒布優部落走走，也前往太麻里車站，附近有一處平交道因為神似動畫《灌籃高手》的場景而成為景點，只是有些人對《灌籃高手》一點都不熟，還有人問：「這裡有什麼好逛的？」經過解說之後，才明白原來是兒子輩的熱門動漫。

不過，當大家來到台東大學圖書資訊館，人手一支手機，拍照拍不停。這棟像是金字塔般的特殊建築，於二〇一四年啟用後，連年受到國際建築大獎的肯定。彩色頁兩次花東機車行都沒有來到這個地方，這次環島，歐巴桑在這裡拍照拍得很過癮。

車隊來到加路蘭，大家吃過午飯後，在海邊午休。遠處傳來了卡拉OK伴唱歌聲，吸引這群歐巴桑循著歌聲前進。台上的人唱得陶醉，歐巴桑則在台下伴舞，自得其樂！

因為味省婚後經常陪著老公一起環島的緣故，對於台灣許多景點她都如數家珍，平常也會留意台灣哪裡有新的景點。當大家來到都蘭時，她想到附近有一處很漂亮的海灘叫「天空之鏡」，推薦大家可以參考。雖然不在行程規劃中，大家也很好奇，想去看一看究竟有多美。一到都歷沙灘，大家一個個都變成了網美，卯起來拍「天空之鏡」！

碧修在參加花蓮機車行時，住在長濱一家民宿，擁有絕美的海景，而民宿早餐的稀飯讓她念念不忘，連家淳也回味無窮。這次環島，她們如願舊地重遊，再次入住。

來到台東，就要品嚐當地的小米酒！大家聚在一起把酒言歡，不過柳絮只喝茶，煌泉也沒和大家小酌。而在酒精催化下，翠梧和味省一搭一唱，笑話一個接一個，逗得大家樂不可支。

當行程走到了花蓮，許多姊妹還是會想起曉鸞，即便她離開彩色頁四年了，但是大家的感情歷久彌新。碧修帶著姊妹來到花蓮，在策劃這段行程時也知會了曉鸞一聲，曉鸞介紹大家到「親不知子」海上古道，還親自導覽解說。

歐巴桑們沿著斷崖的狹窄小路，其中一段路面還是透明強化玻璃，只見他們一會兒擺出害怕的表情拍照，一會兒又假裝自己是神力女超人，雙手托著凸出的巨石作勢掰開，味省和家淳兩人還擺出電影《鐵達尼號》傑克和蘿絲擁抱的經典動作。

大家繼續往花蓮市前進的途中，味省又提議大家可以到花蓮星巴克洄瀾門市，九月份才開幕，已經吸引許多遊客前來打卡。一聽到味省的提議，有人就虧她說：「如果不好玩的話，要請喝小米酒喲！」

由日本建築大師隈研吾操刀的星巴克洄瀾門市，以二十九個白色貨櫃做為設計元素，一炮而紅成為花蓮新地標。歐巴桑來到這裡一直拍照，嘴上卻假裝碎碎念著：「一點都不好玩。」

原訂行程要踩點砂卡礑步道，但考量往返時間可能太晚而作罷。這時候，味省又提議市區的一家丼飯很有名，晚餐可以考慮。由於「味省景點」已經做出了口碑，大家查了一下地圖，抱著期待的心情前往。

由於路線異動，大家吃飽飯後，準備前往新城的民宿下榻，因為明天一早就要挑戰蘇花公路了！然而林大哥和碧修在市區繞了老半天，車流量又大，一直找不到前往新城的主要幹道。正當大家一籌莫展，素霞在停等紅燈時，突然發現隔壁等紅燈的人居然是曉鸞！

曉鸞下班回家的路上，就覺得這群穿亮綠色風衣的車隊怎麼這麼熟悉，沒想到還真的又遇到了彩色頁車隊。當她知道大夥兒在市區迷路了之後，親自帶隊幫大家脫困，大家還說，這一切真是有緣。

大夥到了新城的民宿後，味省「依約」準備了一瓶高粱，取代小米酒，原本一直擔心會有臨時工作必須趕回高雄的煌泉，和大家喝了幾杯之後，臉上嚴肅的線條也變得柔和許多。向來沉默寡言的江泉，酒過三巡之後也和這些姊妹們嬉鬧。

身為車隊的「笑長」翠梧，笑哏一波又一波，逗得大家笑到噴淚，還故作正經說：「要我陪吃、陪喝、陪笑ＯＫ，但是陪睡我拒絕……因為會嚇到別人！」

第四天的挑戰，一早由林大哥帶路，老婆素霞跟在後頭，大家準備通過蘇花公路。素霞為了這一段蘇花公路還特別做功課，確認哪裡有加油站、洗手間，以備不時之需。

行程中，原本計劃在「清水斷崖」停留，林大哥騎在最前面，只顧著後方的素霞有沒有跟上，並一邊尋找道路指標前往清水斷崖，但是卻不得其門而入騎過頭。然而，林大哥卻沒有發現車隊其他人都沒有跟上，原來他們都在清水斷崖停下來，卻看著這對夫妻一路向前進。事後，林大哥被大家虧：「你的眼裡只有素霞。」兩人靦腆地笑了一笑。

經過了清水斷崖，味省突然想到以前曾去過的景點「粉鳥林」，建議大家可以前往看看，然後依照行程在南方澳吃午餐，附近還可以逛逛豆腐岬。

成功挑戰蘇花公路，很多歐巴桑一輩子都沒想過自己可以這麼厲害！碧修走過這一趟之後，覺得只要事先做好規劃，挑對時間，騎蘇花好像沒有原先想的那麼可怕，也印證了介言老師不斷強調，女性要突破的自我制約。

第四天大家下榻宜蘭國軍英雄館，被虧「粉鳥林沒有看到粉鳥不好玩」的味省，又拎著高粱假借陪罪，和大家放鬆一天的疲累。

接下來從宜蘭到淡水，這段北海岸路程大約一百八十五公里，大家在這裡玩了三天，除了到烏石港、三貂角和福隆等親海行程，還騎車上靈鷲山參訪。

由於北海岸的山路陡峭，碧修騎的身障機車馬力不足，騎到一半居然「倒退嚕」，而車隊其他人都已抵達山上。碧修趕緊把機車停靠路邊，請江泉帶她上山。

可惜的是，這一天靈鷲山不開放外客入內，入口處的女保全看到這一群穿著螢光綠風衣的團體覺得十分特別，在知道大家是從高雄機車環島來到這邊，她投以羨慕的眼光，因為她說，她也曾有過環島夢，卻未曾實踐。也因為她佩服大家挑戰環島的精神，特別讓這群騎機車遠道而來的訪客在靈鷲山周邊停留參觀。

第五天大家睡在八斗子的一處背包客棧。由於正值衝浪客旅遊的淡季，背包客棧的管理讓碧修非常不滿意，她花了好久時間才聯絡上服務人員，對方在電話中給她一組密碼，讓他們自行開門進入背包客棧裡，不但房內都是霉味，浴室燈不亮也沒修理，廁所連衛生紙都沒有，甚至枕頭也不夠。味省說，這裡幾乎是一處沒有整理過的廢墟。

大家對這樣的住宿環境超傻眼，心中對業者有許多抱怨，碧修特別發訊給業者表達對住宿品質十分不滿，經過了解才發現，原來經營者趁著淡季出國去了，這間背包客棧是請友人代管。

雖然對住宿不滿意，但是總不能露宿街頭，大家都很體諒活動規劃者的辛苦，也沒把對住宿品質的不滿遷怒於碧修或是家淳，大家硬著頭皮，把環境打掃一番，勉強睡一晚。

相較於背包客棧的不舒適，第六天落腳在金山的溫泉飯店，簡直就像天堂與地獄的差別。白天經過萬里時還大啖萬里蟹，傍晚就在金山老街逛小吃。

大家逛到一家賣地瓜的攤販，和老闆閒聊時提到這一趟機車環島的行程，碰巧老闆也是機車環島的愛好者，英雄惜英雄，老闆招待十個人每人一根地瓜！

泡了舒服的溫泉之後，家淳半夜兩點從睡夢中醒來，發現同寢的翠梧不見了，人也不在洗手間。她在飯店裡裡外外找了老半天，仍然找不到翠梧。家淳有點急了，不曉得她會不會出什麼事，考慮很久之後，她把同寢還在睡的恆卉搖醒，跟她說翠梧不見了。

恆卉連忙換上衣服，和家淳兩人開始在民宿內外尋找消失的翠梧，結果在一片漆黑的茶水間中，看見一塊手機螢幕的亮光，原來翠梧窩在角落滑手機。

「翠梧！妳不睡覺在這邊幹嘛？」家淳忍著原先的緊張細聲詢問。

「我睡不著，所以爬起來滑手機。」

家淳和恆卉找到翠梧後也鬆了一口氣，結束這一場虛驚。

第七天，往淡水方向前進，到了三芝，林大哥帶領的隊伍卻卡在這裡，怎麼也繞不出去，明明看著導航走，卻一直繞回原來的地方。

大家的心情開始有點浮躁，於是換成江泉帶路，結果還是困境在原地；柳絮和煌泉也試著帶路，仍是同樣的結果。一群人困在三芝兩個小時，直到碧修發現有一條岔路都沒走過，大家順著岔路走，才終於順利前往淡水。

來到淡水，除了在老街吃吃喝喝、看夕陽，其實淡水也有許多歷史古蹟，像是紅毛城、淡江中學、小白宮、馬偕故居、牛津學堂等等。碧修在規劃行程時，特別聯繫了在地的朋友為大家導覽。

晚上，大家留宿在淡水河畔的中華電信淡水會館。碧修當初在找淡水住宿時，就相中了中華電信會館，可以遠眺觀音山。她聯繫在中華電信服務的朋友協助訂房，只是聯繫上費了一番工夫才搞定住宿。雖然天公不作美，淡水陰雨天，大家仍十分享受這裡的住宿環境。

繞了半個台灣，第八天離開淡水後，環島行程也進行到下半場。一路上的陰雨天，行程受到耽誤，原本計劃去新竹永安漁港，也考量到雨天而作罷。

柳絮這時候提議可以拜訪住在新竹新豐的妹妹家，於是大家在雨中奔馳於濱海公路。

碧修參加機車行已經五年了，最難克服的不是路途有多艱困危險，而是遇到下雨天騎車。她說，義肢不能淋到雨，穿上雨衣又悶又濕，下雨天騎車，整個人會感覺很不舒服。

由於新竹沿海一帶有一段路和西濱快速道路分不太清楚，碧修和大家都是第一次走，很怕走錯一個匝道，就騎上了西濱快速道路。大家都不知道前方的路究竟哪一條是西濱，哪一條是一般道路。味省看見前方有一位路人，於是騎到他身旁問路，只見路人搖了搖手，似乎示意說「不行」。

大夥兒因此繞道而行，結果兜了大圈才發現，原先那條路，其實機車可以走。林大哥回想剛剛味省問的路人，他搖手是不是有別的意思？猜想對方會不會根本就是外籍移工，他搖手可能是說聽不懂味省在問什麼，結果搞出一個大烏龍。

為了表達自己帶錯路的歉意，味省買了茶葉蛋給大家充飢。雨天再加上迷路，讓大家身心俱疲。好不容易到了柳絮妹妹家，她熱情地招待大家吃桌菜，澎派又美味，讓大家很難忘。

從淡水到苗栗通霄，路程約一百二十公里，翠梧騎在路上，不時會往快車道偏移，家淳也騎到眼皮沉重，大家依舊按照規矩，按喇叭相互提醒，中途再找地方停下來休息。

在通霄的住宿地點很特別，家淳特別找了白沙屯拱天宮香客大樓歇腳。環境乾淨清幽，還備有自助洗衣設備，不過入住不得飲酒。

他們在白沙屯遇到了同好，是一對年輕男女，從台東出發，拖著行李，步行環島。在他鄉遇知己，彼此格外惺惺相惜。

第九天離開白沙屯後，一路前往鹿港。碧修在安排行程時，也聯絡了在地的朋友導覽鹿港地區的人文古蹟，碧修的朋友還特別設宴迎接這一群中年騎士。他們說，這一趟環島至今吃得最豐盛的大餐，就屬柳絮妹妹和鹿港的這一餐了！

他們也順道參觀了台灣玻璃館的玻璃媽祖廟，晚上就住在鹿港天后宮香客大樓，這也是行程的最後一晚。

機車環島第十天，也是行程的最後一天，有些人已經開始想念溫暖的家，歸心似箭。從鹿港到高雄的最後一百七十二公里，他們只在雲林湖口濕地停留、在台南吃午餐，捨棄了七股鹽山的行程，只想趕快衝回家。

這一趟機車環島雖然是彩色頁歐巴桑的自主行動，但介言老師和許多姊妹們天天在臉書關注這群飆風騎士的動態。眼看他們即將回到高雄，她發訊息問碧修，回到高雄終點有什麼計劃？碧修回答說，回到高雄就各自解散回家啦！

介言心想，機車環島對一般人來說都是一種挑戰，尤其這次又是長達十天的環島行，更何況這些歐巴桑中，有些只是騎機車去市場買菜，對他們來說，做這麼偉大的事，拋家棄子十天，如今回來卻只是就地解散，彩色頁的姊妹情誼不應該只是這樣而已。因此，她決定在這群環島勇者回來時獻上祝福，立刻在臉書發起快閃活動。

【揪團快訊】迎接飆風女騎士

親愛的姊妹們，今年度的彩色頁「歐巴桑騎機車凸台灣」行動，我們有十位好友自十月二十五日出發，以十天時間騎機車環島一周。這些飆風騎士，即將於今天十一月三日下午約四至六時回到高雄。

這次的行動，完全由姊妹們自主召集、規劃、聯繫、安排、執行。十天壯舉，由天氣晴朗到微雨、大雨，由南下到台灣尾，再經東部台東、花蓮、宜蘭到東北角，再由基隆、淡水南下新竹、苗栗、台中、鹿港、南鯤鯓，目前正騎在回家的路上。

要邀請姊妹們，屆時前往迎接他們。我們預計在凹子底捷運站四號出口歡迎她們，預計是下午四時至六時，實際到達時間待聯絡。

有意願捎去溫暖姊妹情的姊妹，歡迎集結！

當介言老師貼完訊息後，心裡有些擔憂，會不會沒有人支持響應？她不確定自己能夠號召多少人，為這些偉大的女騎士送上溫暖。

參與過彩色頁前三次機車行的雪紅，看到了介言老師在臉書的發文，感覺介言老師對這件事很重視。機車環島對歐巴桑來說是很不容易的事，她覺得自己應該學習，對做事的人重視，因此她出發到凹子底迎接這群騎了十天的環島姊妹。

在凹子底捷運站前，秋美牽著孫子、智惠和妹妹一起，還有惠華、素月、承英，這些瘋婆子成員都到了，數一數來了十幾位。讓介言老師驚訝的是，一位失聯許多年的彩色頁學員居現出現了！她說，聽到彩色頁歐巴桑完成機車環島的消息，她覺得自己與有榮焉，雖然許久沒到彩色頁上課，但她看到介言老師在臉書上發起的快閃活動，還是決定來迎接他們。

另外，彩色頁工作團隊的宜芳和榮富也前來迎接這群勇者凱旋而歸。介言老師沒想到這場快閃行動，會有這麼多姊妹響應，連高雄市政府社會局婦保科的惠如科長也到場為她們接風。

這十位環島勇士騎著機車來到凹子底捷運站時，看到在場有許多姊妹朋友列隊歡迎，心中充滿激動，也為自己感到驕傲。因為環島的夢想，他們終於實現了！介言老師立刻就地開起分享會，讓他們分享這十天來的心情轉折和得意。

碧修感動地說：「看到介言老師臨時號召姊妹為大家接風，那一刻真的感覺自己好像完成了一項創舉，尤其是克服了心中的恐懼，十分有成就感。」

家淳接著說，一路上看著碧修和林大哥輪流開路，味省則自動騎在最後押車，姊妹間經過每一次機車行培養出默契，互相保護對方，讓她完成了一個人不可能完成的夢想，這會是她一輩子的回憶。

「機車環島我真的做到了，真的好爽！」素霞騎了十天的車，身體上的疲累掩蓋不住內心的激動。她說：「我真的從來沒想過我可以騎機車環島。我以前在市區只騎時速三十公里，過大馬路的紅綠燈都還會緊張。這次剛好老公退休了，可以和我做伴，我真的沒想過自己騎機車居然可以飆到時速八十公里！」

味省以前就和先生環島出遊過好幾次，原本以為這次參加機車環島不會有太大的驚喜，但出乎她意料的是，和這群姊妹們環島，與和先生出遊時一直騎車的行程，感受完全不一樣！她沒想到自己最大的收穫，是賺到了這一群姊妹情誼。

她和翠梧聚在一起時，總有說不完的笑話，是團體中的開心果，環島結束後，她們和恆卉、碧修與江泉夫妻，三不五時就會聚在柳絮和煌泉夫妻的水電行泡茶聊天。翠梧甚至還會借用柳絮家的廚房，燒一手好菜和姊妹們分享。等到煌泉下班後，店裡就成了大家飲酒作樂煲感情的場所，也開啟了瘋婆子第二團的聚會所，延續她們因機車行而結下的姊妹情誼。

第九章　二〇二一年

等待解封，乘風前進

彩色頁協會於二〇二一年成立二十周年，準備重啟「歐巴桑機車環島行」慶祝，於是邀集曾經的機車行眾家姊妹分享回憶並共同參與籌備，並寄出了邀請函，召集姊妹再相聚。

親愛的姊妹們：

還記得騎著機車飆風行的回憶嗎？

還記得姊妹相互扶持共騎的歡樂嗎？

還記得妳曾參加哪一段的共騎行程嗎？

還記得那一份共享歡樂的心靈交流感嗎？

我們終於完成了十天的機車環島夢想行動，

也計劃要在彩色頁二十周年時再度出發機車環島集體夢想，

要邀請妳，回娘家來聚會，

與姊妹們一起來回憶、分享曾經有過的精采故事，再一次共度歡樂情感交流的共享聚會、共同參與籌備。

彩色頁的小教室裡，布幕上投影著二〇一八年環島機車行的影片，這段影片，是彩色頁新進的實習社工易靜協助彙整製作的。她來到彩色頁時，完全沒有經歷過歐巴桑騎機車凸台灣的活動，只能透過一張一張的照片，看著這些和自己媽媽年紀相當的歐巴桑，足跡繞了台灣一整圈，於是在影片一開頭，揣摩這些中年女性的心思，寫下了幾行心得：

人生中總是有許多的夢想，
無奈總是被現實不斷消磨。
人生只有一次，這一次！
沒有等一下，沒有等以後再說，
靠自己的力量，騎車環遊台灣，

親眼看遍台灣美景，一圓當初的夢想。

二十多位曾經參加過機車行的歐巴桑，在小教室裡聚精會神看著影片，這幾句話戳中了她們的心聲。

從彩色頁第一次舉辦機車行就支持著這群姊妹的君儀，看完了姊妹們自主規劃的環島機車行，除分享對姊妹們集體行夢的感動外，並表達對歐巴桑已經熟悉運用3C電子產品來協助自己解決事情的敬佩，諸如Google導航、群組聯繫、臉書提問等等，當然更不用說拍照、打卡分享、製作影片了，誰說玩社群的只有年輕人？

碧修不斷點頭，十分同意君儀的看法，她說：「二〇一四年參加台東機車行時，那是祈溱第一次規劃行程，就說自己是靠Google地圖規劃的，我當時覺得好驚訝！於是我也開始學習用Google地圖來找路，日後在瘋婆子的活動中，我也靠Google大神帶路。」碧修發現，光看地圖規劃路線是不夠的，一定要打開地圖實景功能，才能夠像身歷其境般，使得規劃更精確，也不太容易發生迷路的狀況。

承辦二〇一一年彩色頁三地門機車行的曼蘋，看完了歐巴桑機車環島的影片之後，感覺到她們經歷了一段精采的旅程，然而她站在舉辦活動的角度來看待機車行的規劃，覺得實在太冒險了，她會膽戰心驚！

不過，祈溱反而不擔心，而是替她們很開心。她想起以前規劃時，姊妹們只要跟著去就好，「大家會覺得規劃行程好像很容易，當自己實際要去執行，就會知道有多少細節要注意。就像是騎車一個小時就要休息、不要騎超過晚上、一定要去上廁所、找加油站……，這些事情大家都知道，結果等他們自己執行時，第一天就發生機車沒油要找加油站的驚魂，唉！出門時還一再叮囑，結果第一天就……」原來，有些事是要親身體驗後才能體會的。

碧修點點頭，認同祈溱的說法。然而對她來說，找住宿、餐廳、規劃路線這些安排都不算困難；她坦白說，扛下機車環島召集人這個擔子，心中讓她最感到責任重大的部分是，當團隊意見相左時，自己該如何做好居中協調的角色，穩定軍心，讓大家繼續擁抱共同的目標完成這段旅程。經過這一次的「修行」，她有著更深刻的體悟。

祈溱說：「姊妹們出發環島那時候，我一點都不覺得膽戰心驚，因為我相信大家一定可以做得到，實際上妳們也證明了自己真的做到了。有了這次的經驗後，以後想再挑戰規劃任何地方的機車行，都不成問題了。」當與自己孩子年齡相仿的女孩用這種口吻跟她們說時，歐巴桑們不禁都笑開懷了。

碧修說，在完成機車環島後，她就開始計劃下一次的「花東四小橫」機車行。二〇一九年農曆年節期間，這一群環島姊妹加上幾位瘋婆子成員相約騎機車到高雄大樹的小希臘莊園走春。碧修和瘋婆子們討論規劃花東四小橫路線騎機車。

這時候，柳絮提到自己年後要回澎湖老家一趟，順便採買水產，乾脆邀大家一起去澎湖玩再去機車行，她正好認識一位在當地開民宿的老闆，可以請他為大家導覽；於是原本計劃花東四小橫機車行的行程，最後決定飛到澎湖機車遊。

三月十日這天，幾位瘋婆子成員以及恆卉、美英、柳絮和她的茶藝班學員，眾姊妹在小港機場集合，準備搭機前往馬公，開啟她們三天兩夜的「離島機車行」。

澎湖海風很強，一行人租了八部機車，個個身經百戰的彩色頁機車行歐巴桑，乘風前進在離島的路途上。原本怕曬而仿效澎湖女人包緊緊的她們，因為天空突然由晴轉雨，仍澆不熄大家的興致，一個個套上黃色雨衣，仍然在沿途風景區盡情拍照；然而，姊妹們最受不了的就是澎湖的海風沒有停下來的一刻。

她們在澎湖的行程，由民宿老闆擔任導覽工作，帶大家暢行澎湖、七美和望安，他看著這十幾位歐巴桑沿路嘰嘰喳喳，拍照拍得沒完沒了，十分佩服大家有如年輕人一般的青春活力。

素月聊起這一次的行程，她說自己也是澎湖人，第一晚大家想去花火節觀賞地的馬公觀音亭，特別請她帶路，隔天她還帶大家吃馬公道地的早餐。參加這麼多次機車行的她，每次都是跟在大家的機車後，這一次她很開心，終於有機會可以為姊妹們帶路。

這次的行程讓大家覺得了不起的是柳絮和茶藝班的學員，她們特別帶著茶具組飛到澎湖，原來她們有個重要的任務。當大家一路來到玄武岩前，柳絮和學員各自帶一組茶具，盤腿坐在草地上，當場實習茶席，專業地沖出甘醇好茶，還分享給路過的遊客品嚐。然而，其他姊妹也沒閒著，另一旁的草地上，智惠帶著瘋婆子成員，一會兒排練情境劇，一會兒打坐修行，一會兒還拍照拍不停。

身為瘋婆子「瘋祕」的承英在行程結束後，也把影片上傳到

YouTube，如今姊妹們一邊看著影片，一邊說著當時的趣事。

彩色頁歐巴桑機車行的計畫，起因於芳珠的「個人夢想」而發展成讓更多女人「集體行夢」；雖然芳珠因身體因素，最後沒能和姊妹們一起騎車，但，每次默默坐在辦公室聽著歐巴桑聊機車行而被刺激的她，便想著也要完成機車行的夢想。最後，她居然用自己的方式分期付款完成了環島夢，更用影像記錄她的機車旅行日記。

她說，二〇二〇年，她的孩子們討論著家族旅遊要到桃園新開幕的Xpark，她便想著也可以用分期付款完成機車行的夢想，並以此說服對她健康擔憂的孩子們，開始著手計劃一個人的環島行程。她打算搭台鐵火車，從東部北上，到了定點騎機車旅遊，然後再搭火車到桃園與家人會合參加家族旅遊，最後再回高雄。

十月十五日，芳珠在環島之旅出發前，北部已經連下了一星期的雨，她接到姊姊的關心電話：「妳真的要單獨出門嗎？」她十分堅定地回答：「當然要呀！我住宿都已經訂好了，一定要去。」姊姊也只好放棄遊說。

十月的宜蘭，陰雨的天氣就像是日常。芳珠踩著濕答答的路面，一個人走在幾米公園裡，左肩背著大背包、右手拎著樂器的男公仔，背後正是拖著行李的女公仔，地上的水窪倒映著這一幅幾米畫作《向左走．向右走》，就在她的眼前呈現。

芳珠從幾米公園一路沿著周邊幾個景點，逛到了宜蘭演藝廳，再到宜蘭美術館，館內的導覽員幾乎全程相伴解說，當她們知道芳珠是一個人獨自旅遊來到宜蘭，還要再騎機車旅遊時，都投以羨慕的眼光。她們告訴芳珠，心中也曾想過要環島，但是始終提不起勇氣去做；芳珠鼓勵她們：「趁著年輕，體力還不錯的時候就要行動，將來才不會後悔。」

芳珠滑著自己的 YouTube 頻道裡的旅遊影片，想起了二〇一八年十一月，她和家人相約騎機車到走馬瀨玩，那一次她穿上護腰騎機車，沿路還和家人一起抓寶可夢！途中經過一處馬場，芳珠的女兒慫恿她說：「妳要不要騎騎看？」她似乎忘了自己脊椎側彎的舊疾，一口答應。馬兒在馬場跑兩圈，大概只花了十四秒，速度其實很快。芳珠蹲坐在馬背上，重心一時抓不穩彎下了腰，馴馬師立刻對她喊：「腰挺直！」她立刻坐正，找到平衡，才沒有從馬背上跌落。

事後她看著自己騎馬的影片，發現下馬的時候居然沒有軟腳，覺得自己真的很厲害！如今回想起來，她好慶幸當初毫不猶豫就跳上了馬背，親自體驗騎馬的感覺，也更體會介言老師在夢想行動課程中不斷強調的「有夢想就要去實踐」這句話。

二〇一四年一月，她一個人去彰化扇形車站，影片的封面是旅遊當時邂逅的年輕男子照片，她突然好奇這位男子的現況：「不知道他現在過得好不好？」

當時，芳珠因為罹患乳癌，開刀後返家休養了一段時間，她想測試自己的體力恢復狀況，為自己安排彰化一日遊的旅行計畫。

那天一早她從鳳山搭火車到彰化，在扇形車站拍了不少照片，其中有一位看起來二十多歲的陽光青年，默默觀察她，最後上前問她：「阿姨，要不要由我來幫妳拍照？」

面對陌生男子主動提出協助，芳珠其實不知道該如何拒絕，於是答應了他。這位青年接著問她：「阿姨，妳是一個人來玩嗎？」

「對呀！」芳珠回。

「妳從哪裡來到彰化？」

「我住高雄。」

「高雄我還算常去，因為我系上的教授是高雄人，有時候會去高雄找他。只是，好奇怪，妳的家人怎麼會讓妳一個人出來玩？」青年好奇地問。

「其實我剛開完刀，想一個人出門走走，試試看體力行不行，所以說走就走。」

「阿姨，妳下一個行程安排到哪？」青年問。

「我等等打算去八卦山看大佛。」芳珠回答。

「我還有一點空閒時間可以陪妳去，不過我待到下午一點半就要離開了。」

芳珠沒有拒絕青年的陪伴，一路上他讓芳珠走在前面，不斷介紹沿路的景點和特產，還不時提醒她回程的路要怎麼走。

兩個人到八卦山，看到了大佛之後，芳珠請路人幫他們拍照，青年也請路人用他的手機拍一張，兩人的手機裡，各有彼此的合照。

青年對於芳珠的家人肯讓她一個人出門感到不可思議！他也對芳珠說，他的媽媽身體不好，又愛操心大小事，他很希望媽媽也能像芳珠一樣，能夠偶爾出門走走，心情也會比較開朗。

芳珠回憶這十年來雖然因為脊椎側彎的緣故，沒能參加彩色頁歐巴桑的機車行，但是她的足跡已經遍布全台。她說，在參加夢想行動課程後，就把環島視為夢想，她想趁自己還走得動的時候，走遍她想去的地方，不想讓自己有遺憾。看著自己的 YouTube 上一部部親手製作的旅遊影片，她說：「如果有一天我老了、失智了，至少還有這些影片記錄我走過的路，也許那一天我看到了某些片段，就會想起那一片風景、當時的心情。」

素月和姊妹們看完環島機車行的影片後，感慨地說，當她二〇一六年參加完台中機車行，連續兩年因為先報名了舞蹈班的公演活動後，彩色頁才公布機車行的出發時間，卻因為撞期而錯過和姊妹一起參加機車環島的機會。她十分無奈，還下定決心，以後不再參加舞蹈班的演出，把時間留給歐巴桑機車行。沒想到這次反因為疫情的關係，讓她的環島夢又得再延後。

雪紅也說，因為自己的手腕會痠痛無力，怕自己無法負荷長途騎車，只參加了一次，就沒法參加了，很羨慕姊妹們可以完成機車環島夢想，所以每一次的分享會她都要來參加，感受大家分享過程的喜悅，也解解饞。

惠華則提到自己這段時間的健康狀況，除了唾腺分泌的問題外，她的眼睛先後檢查出罹患白內障和青光眼，左眼的視力僅剩〇點二，右眼視力也愈來愈差，為了眼睛的問題不斷進出醫院；結果又發現自己罹患婦科疾病，醫師說必須開刀治療。

她想起那段不平靜的日子，面對可能發生的失明危機，於是開始整理自己的「夢想行動存摺」，把每一次和好姊妹出遊的照片完整記錄，集結成冊。她翻閱著親手製作的夢想存摺，一點也不遺憾地說：「我很慶幸自己有跟到彩色頁這些活動，人生因為有走過這一回，我覺得很值得了！」

後來，她也順利挺過這一段健康危機，雖然因為疫情的關係，和姊妹們無法相聚出遊，卻得到了先生更多時間在家陪伴照顧她。

曉鸞搬回了花蓮娘家，兒子分別在台中和台南有了自己的生活，而她依舊服侍上帝，活動滿滿。八年前那次的環島經驗，當時和又乃不歡而散，多年之後，緣分又讓她們延續這段姊妹情誼。她說，事隔多年，彼此都不再是當初那個女人，再次相遇後，讓她更加珍惜這失而復得的緣分。

久玲多年後和曉鸞聯絡，談到當初一起去環島時，原本腰不舒服的她，一路上因為曉鸞不斷糾正她騎車的坐姿，環島回家後，她的腰痛居然不常發作了。她十分感謝曉鸞當初的積極邀約，若是沒有曉鸞的鼓勵，她恐怕這輩子都無緣經歷機車環島這件事。

秋美因升格當阿嬤，忙著在家帶孫子，沒能參加最後的機車環島行，也缺席後來的瘋婆子澎湖機車行，閉關在家的她，好幾次都缺席瘋婆子的聚會，直說待在家都快悶壞了。隨著孫子準備上學，她十分開心，終於可以「復出」、「放封」了，立刻把彩色頁和瘋婆子的活動列入，把自己的行程排得滿滿的。

沒想到二〇二一年二月，她才和瘋婆子姊妹一起到台中賞櫻走春，慶祝她「解封」出關，三個月後，台灣卻陷入前所未有的疫情風暴中，戶外活動全面停擺。但是她相信，疫情有解封的一天，眾姊妹還是會再次相聚出遊，這也成為她現在最大的想望。

彩色頁成立二十周年，在緊鑼密鼓籌備重啟「歐巴桑機車環島行」之際，就遭遇到新冠病毒肆虐全球的災難，活動因而延宕。

這場疫戰，雖然讓許多姊妹沒辦法聚在一起，但隨著臉書每一年的動態回顧，出現每一次機車行的訊息及照片、影片的回顧，也讓大家再一次回味曾同心協力一起完成夢想的過程；每一次的回顧，都讓她們內心再一次起了波瀾，更能體會把夢想付諸行動的可貴，並相互召喚下一次的集體行動。

雖然很難預測計畫和變化哪一個會先發生，但在大家心中仍然期待著，總有一天可以再出發。

而屬於彩色頁歐巴桑機車行的姊妹情誼，依然支持著眾家姊妹，飆風女騎士的故事仍然持續著，準備好催下油門，再次乘風前進！

VP00104

1000歲歐巴桑的10年機車環島夢

作　　者——彩色頁
文字構成——劉康平
資深主編——謝鑫佑
校　　對——謝鑫佑、吳如惠、劉康平、彩色頁
企　　劃——陳思穎
資深企劃經理——何靜婷
美術設計——張添威

董 事 長——趙政岷
出 版 者——時報文化出版企業股份有限公司
一〇八〇一九臺北市和平西路三段二四〇號四樓
發行專線——（〇二）二三〇六六八四二
讀者服務專線——〇八〇〇二三一七〇五　（〇二）二三〇四七一〇三
讀者服務傳真——（〇二）二三〇四六八五八
郵撥——一九三四四七二四時報文化出版公司
信箱——一〇八九九臺北華江橋郵局第九九信箱

時報悅讀網——http://www.readingtimes.com.tw
文化線粉專——https://www.facebook.com/culturalcastle/
法律顧問——理律法律事務所　陳長文律師、李念祖律師
印刷——勁達印刷有限公司
初版一刷——二〇二一年九月二十四日
定價——新台幣三九〇元
（缺頁或破損的書，請寄回更換）

時報文化出版公司成立於一九七五年，
並於一九九九年股票上櫃公開發行，於二〇〇八年脫離中時集團非屬旺中，
以「尊重智慧與創意的文化事業」為信念。

1000歲歐巴桑的10年機車環島夢 / 彩色頁著. -- 初版. -- 臺北市 : 時報文化出版企業股份有限公司，2021.09
面；公分.
ISBN 978-957-13-9336-0（平裝）

733.69　　110013272

ISBN 978-957-13-9336-0
Printed in Taiwan